音楽之友社
音楽指導ブック

フレーズで覚える
三味線入門

小塩さとみ

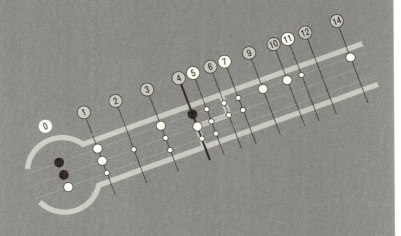

音楽之友社

はじめに——この本で三味線を弾いてみようと思っているみなさんへ

1）本書の目的

　この本は、三味線という楽器に興味をもち、自分で楽器を手にして音を出してみたい、どんな楽器なのかちょっとさわって旋律を弾いてみたいという人に向けて書きました。また、楽器は手元にないけれど、三味線の旋律がどのようにして紡ぎ出されるのか、その仕組みに興味があるという人も対象にしています。

　三味線に興味をもつきっかけは人によってさまざまでしょう。日本の楽器の音色が好きという人もいれば、ギターやヴァイオリンのような弦楽器を弾いた経験があり、それらの楽器と比べてみたいという人もいるでしょう。家に三味線があるから弾いてみたいという人もいるでしょう。また、最近では学校の音楽の授業で日本の音楽を扱うようになりましたので、学校の先生、あるいはこれから学校の先生になりたいと考えている人で、日本の楽器を弾けるようになりたいと思っている方も多いと思います。そのような方々に、気軽に三味線という楽器を体験する手段として、この本を活用してもらえたらと思います。

　私は三味線演奏の専門家ではありません。ですから、三味線の実技に関する本を書くことについては、大きなためらいがあります。私が三味線という楽器に出会ったのは、大学1年生の時でした。大学で三味線が弾けるサークルがあると聞き、「これまで見たことのない楽器をさわってみたい」「ちょっと弾いて音を出してみたい」という軽い気持ちで見学に行きました。三味線とバチを持って、言われた通りに手を動かしてみたら、案外簡単に音が出たこと、その時にとてもうれしかったことを覚えています。入部して、最初のころは、三味線音楽の仕組みがまったく理解できず、楽譜に書かれている音を1つ1つ追いかけて弾くのが精一杯で、曲を聴いてもチンプンカンプンでした。「音楽は世界の共通言語」とよく言われますが、はじめて三味線と出会った時の私にとって、三味線音楽はまるで意味のわからない外国語のようでした。しかし、いくつか曲を習い、少しずつ音楽の仕組みがわかってくると、音を出す喜びに加えて、新しい楽しみが出てきました。それは、外国語の単語を少しずつ覚え、また文法を勉強することで、外国語を理解し、その言葉を話す人とコミュニケーションができるようになっていく過程と似ているように感じました。外国語の基礎を覚えても、比喩や常套句、言葉の裏にこめられた皮肉など、多様な表現を理解するのが難しいのと同じように、三味線という楽器が旋律を紡ぎ出す仕組みは奥深く、この仕組みを解明することが、音楽学を専攻した私の研究テーマとなり、今でもこのテーマと格闘しています。本書では、私が博士論文で展開した「手の運動から三味線の旋律を考える」というアイディアを活用しています。

　私は現在、教員養成大学に音楽学担当教員として勤務しています。私が現在の勤務校に着任した2002年は、学習指導要領が改訂されて、中学校の3年間で最低1種類の和楽器の実

技を体験するようになった時期でした。当初は、専門家ではない自分が楽器を教えるべきではないと思っていましたが、その後、自分が教えることで多くの学生が三味線の演奏体験をもち、三味線に興味をもってくれるのであれば、教育現場では専門家ではない者が楽器を教えることにも意味はあるだろうと考え、週に一度、関心をもつ学生に三味線を教えるようになりました。4月にはじめて三味線にさわった学生たちは、8月初旬に開催される大学のオープンキャンパスでの小さなコンサートで初舞台の演奏を行います。学生に短期間で三味線音楽の魅力を伝えるためには工夫が必要です。毎年、初心者の学生を教える中で、初心者でも楽しく三味線が弾け、少しずつ三味線音楽の仕組みがわかるような教え方を工夫してきました。本書は、その工夫に基づいて構成されています。

　日本の楽器を体験したいと思っても、身近で機会が見当たらないという人は多いことでしょう。そのような方にとって、本書が三味線との出会いとなればうれしく思います。三味線には、いろいろな種目（ジャンル）があり、種目によって旋律の紡ぎ方が異なります。この本で扱うのは、長唄の三味線です。長唄は、歌舞伎舞踊の伴奏音楽として発達した音楽です。この本で長唄の旋律をいくつか覚えた後に、歌舞伎を見たり、長唄の演奏会に行ったりすると、長い曲のごく一部であっても、耳なじみのあるフレーズが聞こえてくるはずです。また、長唄以外の三味線音楽を聞く時には、長唄の三味線と比べることで、その種目の三味線の音色、特徴的な奏法、旋律の特徴がわかると思います。

　日本の伝統芸能では、同じ種目であっても、流派によって、細かい違いがあります。また書籍という媒体で演奏技術を伝える難しさもあります。この本で三味線の演奏を体験してみて、もっと本格的に弾けるようになりたいと思ったら、その時には、ぜひ三味線の専門家の指導を受けてください。

２）本書の特徴

　この本では、長唄でよく使われる旋律フレーズを、三味線を弾く時の手の動きと関連させながら紹介していきます。これは、外国語を学習する時に、挨拶の言葉や、基本的な単語を覚えるのと同じだと考えてください。

　通常の入門書では、早い段階で楽譜の説明があり、その後は楽譜を使って演奏曲を提示しながら、弾き方を解説するやり方が一般的です。しかし、本書では、最初の段階では、三味線を弾く時の手の動きを中心に記述していきます。また、楽譜よりも口三味線を大事にして説明を進めていきます。最初に楽譜を提示してしまうと、楽譜に書かれた1つ1つの数字に気をとられてしまい、フレーズ単位の音のつながりに対する意識がどうしても薄れてしまいます。子供が言葉を覚える時に、文字を介さずに音を覚えていくのと同じように、まずは手の動きと口三味線でフレーズを覚えてみましょう。

　口三味線とは、三味線で弾く旋律を言葉に置き換えたもので、それを歌うことで、旋律やリズムだけでなく、奏法や音色もあわせて覚えることができるものです。小説などで三味線の音が聞こえてくる場面で「チントンシャン」という言い方をすることがありますが、これ

も口三味線です。表1に示したように、口三味線の音（文字）は、どの糸を弾くのか、どういう方法で音程を決めるのか、どのような奏法で音を出すのか、という3つの要素によって決められています。

表1　口三味線の基本

音程の作り方	音の出し方	低い糸（Ⅰ・Ⅱ）	高い糸（Ⅱ・Ⅲ）
開放弦（左手で糸を押さえない）	基本奏法（弾く）	（ドン）トン	テン
	スクイ・ハジキ	ロン	レン
勘所音（左手で糸を押さえる）	基本奏法（弾く）	ツン	チン
	スクイ・ハジキ	ルン	リン
重音（2本一緒）	基本奏法（弾く）	シャン	チャン
	重音の後のスクイ	ラン（Ⅱ）	ラン（Ⅲ）

　3本ある三味線の糸のうち、一番高い音を出す「三の糸（以後はⅢと記載）」を開放弦で弾いた音は、口三味線では「テン」と言います。もしこの音を長く伸ばす場合には、「テーン」と母音を長く伸ばして言います。またこの音を連続して3回弾く場合に、「テテテン」という口三味線であれば「♪♪♩」というリズムで、「テン・テン・テーン」という口三味線であれば「♩♩♩ 」というリズムで弾くのだということがわかります。Ⅲの開放弦と同じ高さの音は、「二の糸（以後はⅡと記載）」の勘所を左手で押さえて出すこともできます。その時には、口三味線は「ツン」となり、同じ高さの音であっても、区別をつけることができます。開放弦と勘所音とでは、音色がまったく異なるので、三味線音楽では別の音として区別するのです。

　左手で勘所を押さえる時には、人差し指、中指、薬指の3本を使いますが、どういう場合にどの指を使うのかは決まっています。この規則を早い段階で正しく覚えることが重要です。楽譜を使うとどうしても音の高さ（どの勘所を押さえるか）に気をとられて、その勘所をどの指で押さえるか、どんな奏法で演奏するかなどの大事な要素が後回しになってしまいます。まずは三味線で弾くフレーズをまるごとそのまま口三味線で覚えて、指使いの規則を覚えることから始めていきましょう。

　楽譜については、基本のフレーズをある程度覚えた段階で説明します。それまでは、口三味線のみを使って、みなさんに弾いてもらいたいフレーズを示します。口三味線の下に補足的に勘所の位置や押さえる指を書き入れる場合もあります。フレーズの音の動きを三味線を弾いて確認したら、口三味線を声に出してうたってみてください。次に、声に出してうたいながら弾いてみましょう。本書の後半で、楽譜を使うようになってからも、口三味線でうたって覚えるやり方をぜひ継続してください。声に出してフレーズを覚えることで、三味線音楽が少しずつ身近なものになっていくはずです。

本書の楽譜について

・本書の楽譜は独自に作成したもので、口三味線を中心に記載されています。**基本フレーズ**や**応用フレーズ**を示すための楽譜と、実際の長唄曲の一部を用いた 曲例 の楽譜の２種類があり、表記のしかたが若干異なります。

・**基本フレーズ**や**応用フレーズ**を示すための楽譜は、本書の前半部分では糸番号や勘所番号の記載を最小限にとどめてあります。最初の段階では、使用する勘所の数が少ないので、勘所番号は用いずに記譜しています。本書の後半（**基本フレーズ 23** 以降）は、口三味線の下に、糸番号（ローマ数字）と文化譜の勘所番号（アラビア数字）を記載しました。糸番号は、直前と同じ場合には記載を省略しています。

・ 曲例 を示す楽譜では、３本の線が三味線の糸をあらわします。一番上の線がⅢの糸、真ん中がⅡの糸、一番下の線がⅠの糸です。口三味線は、弾く糸を示す線上に書かれています。また、押さえる勘所の番号は、３本の線の下に記しました。２本の糸を一緒に弾く場合には、２本の線の間に口三味線を記載し、勘所番号の下に糸番号を併記しています。

・口三味線と勘所番号の下に記載されている下線は、音価が短いことを示します。下線のない音（例：チン）を１拍とすると、下線１本（*チチ*）は２つの音で１拍、下線２本（*チチチチ*）は４つの音で１拍の長さです。音を伸ばす時にはチーンのように口三味線に音引きを入れて示します。

・休符は●です。 曲例 で口三味線「ン」の下に●が書かれている場合は、その直前の音が付点の長さであることを示します。**基本フレーズ**や**応用フレーズ**の楽譜では、口三味線の行に・を挿入することで、その直前の音が付点の長さであることを示します。

・２種類の楽譜に共通して、糸を押さえる指は、「人」（人差し指）、「中」（中指）、「薬」（薬指）と、奏法については「ス」（スクイ）、「ハ」（ハジキ）と略記しました。

・市販の楽譜では、人差し指は原則として記載していませんが、本書では指の動きを理解できるよう、人差し指も記載しています。

・同じ指使いが連続する場合、原則として２つめ以降の記載を省略しました（ただし段が変わった場合は再掲）。また、スクイやハジキ、開放弦が挿入された場合も、その前後で指使いに変更がない場合が多いので、変更がなければ省略しました。なお、スクイは原則として直前の音と同じ音をすくうので指使いは直前と同じです。ハジキは、開放弦をはじく場合は人差し指、直前と同じ高さの音をはじく場合は薬指、直前とは勘所番号が異なる場合には直前に押さえていた中指または薬指ではじきます。

・ 曲例 で三味線が唄とともに奏される場合には、歌詞を楽譜の中に記載しましたが、唄は演奏家による違いが大きいので、歌詞の入るタイミングは、実際の演奏では楽譜とは異なる場合もあります。唄で母音を引き伸ばしたり言い直したりする「産み字」の記載も最小限にとどめました。**応用フレーズ**では歌詞は楽譜には記さず、楽譜の右下に曲名と、該当箇所もしくは歌詞を記し、該当部分の歌詞に下線を引いてあります。

目　次

はじめに——この本で三味線を弾いてみようと思っているみなさんへ　3
本書の楽譜について　7

1. 三味線の構造と名称　10
2. 弾く前の楽器の準備　11
3. 三味線の調子を本調子に合わせよう　12
4. 三味線を持って構えてみよう　14
5. バチを持ってみよう　15
6. Ⅲの開放弦を弾いてみよう　テン・テン・テーン　16
7. Ⅰの開放弦を弾いてみよう　ドン・ドン・ドーン　17
8. Ⅱの開放弦を弾いてみよう　トン・トン・トーン　18
9. 3本の開放弦を弾きわけよう　ドーン・トーン・テーン　19
10. スクイの奏法で演奏してみよう　ドンロン・トンロン・テンレン・テーン　20
❖コラム　長唄ってどんな音楽？　21
11. 左手で勘所を押さえて弾いてみよう（1）　チンリン・ツンルン・チャンラン　22
12. 2つの勘所と開放弦を使ったフレーズを弾いてみよう　24
13. ハジキの奏法で演奏してみよう（1）　26
14. 左手で勘所を押さえて弾いてみよう（2）　人差し指・中指・薬指の使い分け　28
15. 左手で勘所を押さえて弾いてみよう（3）　人差し指を使って棹を上下に移動しよう　30
16. ハジキの奏法で演奏してみよう（2）　スリやウチの奏法にも挑戦　32
17. 複数の糸を使って弾くフレーズに挑戦しよう　34
18. これまで覚えた勘所を確認してみよう　36
19. 実際の長唄曲の一部を演奏してみよう（1）　40
20. 棹の下方の勘所を弾いてみよう　44
21. 中指での移動を伴うフレーズを弾いてみよう　46
22. 棹の上方でのフレーズを弾いてみよう　48
23. 特別なフレーズを覚えよう　50
24. 実際の長唄曲の一部を演奏してみよう（2）　52
❖コラム　三味線の調弦法　56

25. 二上りに調弦してみよう　57

26. 二上りの特徴的な手の動きを覚えよう（1）　58

27. 二上りの特徴的な手の動きを覚えよう（2）　60

28. 実際の長唄曲の一部を演奏してみよう（3）　61

❖コラム　歌舞伎舞踊の変遷と鑑賞用長唄　64

29. 三下りに調弦してみよう　65

30. 三下りの特徴的な手の動きを覚えよう（1）　66

31. 三下りの特徴的な手の動きを覚えよう（2）　68

32. 三下りの特徴的な手の動きを覚えよう（3）　70

33. 実際の長唄曲の一部を演奏してみよう（4）　71

34. 合奏にチャレンジ　75

35. 三味線の糸を替えてみよう　80

本書で扱った長唄曲一覧（曲名の五十音順）　82

参考資料：長唄の楽譜　84

参考資料：長唄や歌舞伎についてもっと知りたい時には　84

楽器の購入について　85

あとがき　86

1．三味線の構造と名称

実際に弾く前に、三味線各部の名前を覚えましょう。

写真1 三味線各部および演奏に使用する付属品の名称

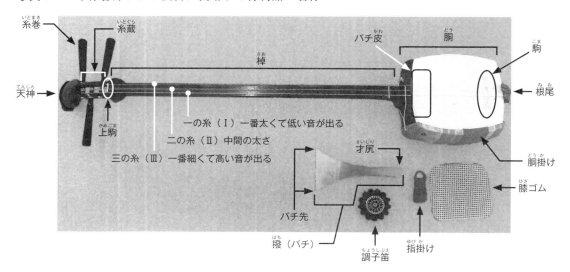

三味線は、種目によって、棹の太さや胴の大きさ、糸の太さ、バチや駒の材質や形状が異なります。長唄の三味線は、地歌や義太夫節の三味線と比べると棹が細く、胴も小ぶりです。

写真2 種目による楽器の違い：上から長唄、地歌、義太夫節の三味線

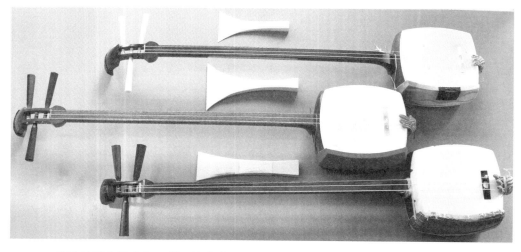

地歌は箏や尺八と一緒に演奏することが多い三味線音楽で、楽器は中棹。繊細な音色が特徴。義太夫節は文楽（人形浄瑠璃）で奏される三味線音楽で、楽器は太棹。豪快な音色が特徴。

2．弾く前の楽器の準備

　三味線をケースから出して、演奏する準備をしましょう。胴を右にして三味線を置きます。
（1）　一番手前のⅠの糸をさわり溝（上駒の近くの溝）の上に置きます（写真3－1から写真3－2の状態にします）。
（2）　糸巻に左手を添え、右手で3本の糸をそれぞれ伸ばします（写真4）。
（3）　3本の糸を胴の上で軽く持ち上げて、駒を入れます。駒を置く位置は、根尾から指2本分ぐらいを目安とします（写真5－1、写真5－2）。
（4）　調子笛を吹いて、Ⅰの糸の高さを合わせます（写真6）。Ⅰの糸巻は一番左側にあり、糸巻を左に回すと音が高くなります。
（5）　演奏する曲の調子に合わせます（調子の合わせ方は次ページで説明します）。

写真3－1　最初の状態　　**写真3－2　Ⅰの糸をさわり溝に置く**　　**写真4　糸を伸ばす**

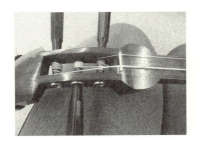

写真5－1　駒を入れる　　**写真5－2　駒を置く位置**　　**写真6　Ⅰの糸の高さを合わせる**

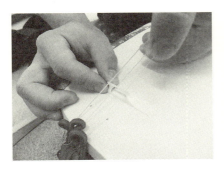

　三味線を弾き終わって片付ける時には、
（1）　3本の糸を、それぞれの糸巻を右に回して、少し緩めます。
（2）　3本の糸を胴の上で軽く持ち上げて、駒をはずします。駒は壊れやすいのですぐに駒ケースの中にしまいましょう。
（3）　Ⅰの糸をⅡの糸にかけて、写真3－1の状態にします。
（4）　胴や棹を手ぬぐいでふいてから、ケースにしまいます。

3. 三味線の調子を本調子に合わせよう

　調子とは、チューニング（調弦）のことです。三味線は唄の伴奏楽器として発達しました。うたう人の音域に合わせて、音の高さを自由に調節できるのが特徴です。三味線には、よく使われる調子が3種類あります。まずは「本調子」に合わせてみましょう。

　Ⅰの糸（以後Ⅰと記載）は基準の音です。調子笛の音に合わせて、Ⅰを合わせてみましょう。調子笛には、1本（イ音、a）から12本（嬰ト音、gis^1）まで12個の音があります。唄の音域にあわせて調弦しますが、最初は3本（ロ音、h）か4本（ハ音、c^1）に合わせるのがよいでしょう。

　調子を合わせる時には、写真6や写真7のように胴を床の上に置いて、Ⅱの糸巻を自分の腰に当て、左手でⅠの糸巻を握って動かします。Ⅰの糸巻は、自分から見て左側の糸巻です。左方向に糸巻を動かすと音は高くなり、右方向に動かすと低くなります。糸巻を回す時に、糸蔵の中に押し込まないように気をつけましょう。

写真7　Ⅰを合わせる

　調子笛がない場合は、ピアノやキーボードを使って音を確かめることもできます。またⅠに関しては、調子笛などで基準音を参照せずに、適当な高さに定めてもかまいません。

　次にⅢを合わせましょう。写真7と同じ姿勢で、自分から見て右側にあるⅢの糸巻に手をかけます。Ⅲの開放弦（勘所を押さえない）の音は、Ⅰよりも1オクターブ高い音です。

最後にⅡを合わせましょう（写真8）。自分の手前側にある糸巻がⅡの糸巻です。

写真8　Ⅱを合わせる

写真9　三味線の上の継ぎ目

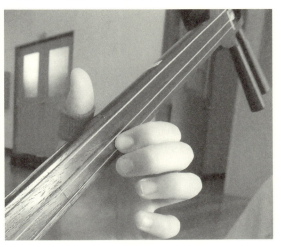

　本調子の場合、ⅡはⅠの完全4度上の高さです。3本の高さで合わせた場合には、Ⅰがロ音（h）なので、Ⅱの糸はホ音（e^1）に合わせます。4本の高さで合わせた場合には、Ⅰがハ音（c^1）なので、Ⅱの糸はヘ音（f^1）に合わせます。三味線の棹には、2つの継ぎ目があります。上の継ぎ目（写真9）は、三味線を弾く時の重要な勘所なので本書では「継ぎ目の勘所」あるいは「継ぎ目」と呼ぶことにします。左手でⅠの糸の「継ぎ目」を押さえた時の音が、本調子のⅡの開放弦と同じ高さです（写真10）。最初のうちは、調子笛を使って合わせてもよいですが、慣れてきたら、自分の耳で音の高さを聴いて合わせられるとよいでしょう。本調子の3本の糸（開放弦）の音程関係は譜例1に示した通りです。

写真10　継ぎ目の勘所を押さえる

**譜例1　本調子の音程
　　　　（3本に合わせた場合）**

3．三味線の調子を本調子に合わせよう

4．三味線を持って構えてみよう

　調子が合ったら、三味線を持って構えてみましょう。正座の場合は、膝の間を少し開いて、腰をなるべく床に近づけるイメージで座ります。右膝の中央に膝ゴムを置き、指掛けを左手にはめます（写真11、写真12）。指掛けは、左手で棹の上を素早く移動できるように滑りをよくするためのものです。厚みのある輪に親指を入れ、もう片方の細い輪に人差し指を入れます。

写真11　正座して膝ゴムを置く　　　写真12　指掛けのはめ方

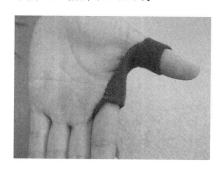

　次に三味線を持って、右膝の上に置いてみましょう。三味線を持つ時には、左右のバランスがとれる位置を探してみましょう（写真13）。右膝の上に楽器を置く時には、胴の位置とⅡの糸巻の位置をチェックします。胴の半分ぐらいが自分の膝の右側に出ていること、Ⅱの糸巻が自分の耳の高さにあることを確認しましょう。写真14のように糸巻の位置が低い時には、もう一度膝の上に置き直します。よい場所に楽器を置いたら、右腕の重みをかけて楽器を安定させます。手首を曲げて、小指の下の部分で胴（皮）をさわってみましょう。3本の糸より下の位置に右手が来るように、胴掛けの上の右腕を前後に動かして、よい位置を探してみましょう（写真15）。右手を上下に動かして、指先が皮に触れると音が響くのを確認してください。

写真13　三味線を持つ　　写真14　右膝の上に置く　　写真15　右手で胴をさわる

5. バチを持ってみよう

　バチは右手の薬指と小指の間にはさみ、左右の重みのバランスがとれる位置を探します（写真16）。次に親指を自分の体に近いバチ先付近に置きます。手に力を入れないように注意しましょう。扇子をあおぐイメージで、バチをゆっくりと動かしてみましょう（写真17）。自分の顔の近くであおいでみましょう。かすかな風を感じることができたら、うまく力が抜けている証拠です。だんだんにあおぐ場所を下の方に移動させていきます。次に、左手を自分のお腹の前で横に伸ばし、その上に右腕を乗せて、三味線を構えているイメージでバチを動かしてみましょう（写真18）。右手の指でバチを強く握ってしまうと、バチの動きが固くなります。力を抜いてスムーズにバチが動いているかを確認してください。

写真16 薬指と小指ではさむ　　**写真17** 親指を添えてあおぐ　　**写真18** 楽器を構えたつもりで

　では、三味線を構えて、バチを持ってみましょう。バチ先が糸より下にあり、バチ皮の上に置かれていることを確認してください（写真19）。この状態がバチの基本位置です。バチを上に振り上げて（写真20）、ストンと力を抜いた状態で落としてみましょう。バチ先が皮にさわったらバチを止めます。バチを止めた場所が、基本位置にあれば、よい状態です。無理に糸を弾こうとせずに、何度かバチを振り上げては、下に落として止めるという動作を繰り返してみましょう。バチを振り上げる時の手首の角度と、バチが落ちる位置を上下に少しずつ変えてみると、バチがうまく糸に当たるポイントが見つかるはずです。胴をのぞきこまずに、顔はまっすぐ前を向きます（写真21）。左手で軽く棹を支えておきましょう。

写真19 バチ先の基本位置　　**写真20** バチを振り上げる　　**写真21** 顔はまっすぐ正面

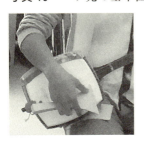 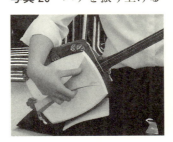 

6. Ⅲの開放弦を弾いてみよう　テン・テン・テーン

　三味線を構えて、バチを一番下の糸であるⅢに当てましょう。Ⅲは3本の糸の中で、一番高い音が出ます。もしバチが糸にうまく当たらない時は、バチを振り上げる時の手首の角度を変えてバチが落ちる位置を少し上に移動させてみましょう。他の糸に当たってしまう時には、バチが落ちる位置を少し下に変えてみましょう。

　ゆっくりとⅢの開放弦を3回弾いて、3度目は長く伸ばして余韻に耳を傾けましょう。これが**基本フレーズ1**です。バチを持つ右手の力が抜けていることを確認し、口三味線を声に出しつつ何度か繰り返し演奏してみましょう。顔は右手をのぞきこまずにまっすぐ正面を見て弾きましょう。

　　　基本フレーズ1　‖: テン　テン | テーン :‖

　何度か弾いたら、バチを止めて、バチの落ちた位置を見てみましょう。バチ皮の上にバチの先がきちんと乗っていますか？

　基本フレーズ1が弾けるようになったら、リズムを変えた応用フレーズも弾いてみましょう。下線部は音の長さが半分であることを示します。

　　　応用フレーズ1-1　‖: テン　<u>テ テ</u> | テーン | <u>テ テ テ テ</u> | テーン :‖

　　　応用フレーズ1-2　‖: テーン・<u>テ</u> | テーン | <u>テ</u> テン <u>テ</u> | テーン :‖

　応用フレーズ1-1は ｜♩ ♫♩｜♫♫♩｜ というリズム、**応用フレーズ1-2**は ｜♩. ♪♩｜♪♩ ♪♩｜ というリズムです。

　Ⅲの開放弦を連続して弾くフレーズは、実際の曲の中にも出てきます。

　　　応用フレーズ1-3　｜（フヤ）<u>テ テ</u> | テーン | テーン | テーン｜

《末広狩》「返事待つ恋、忍ぶ恋」、《五郎時致》「とかく霞むが春のくせ」の直後
「フヤ」というかけ声は休符を確認するためのものです

　　　応用フレーズ1-4　｜<u>テ テ テ</u>ン テーン テーン テン テン テン <u>テ テ</u> …… テーン｜

ナガシ《鞍馬山》「暫時まどろむ肘まくら」「目覚ましくも又勇ましし」など

　応用フレーズ1-4は「ナガシ」という旋律型です。最初に<u>テ テ テ</u>ンと開放弦を素早く3回弾いた後、高くはずんだボールがだんだん地面に落ちていくイメージで、少しずつ早く弾いていき、最後に「テーン」と1回しっかりと弾いてフレーズを終えます。ゆるやかな加速の感覚を味わって弾きましょう。「ナガシ」は曲中の区切りを示す旋律型です。

7．Ⅰの開放弦を弾いてみよう　ドン・ドン・ドーン

　今度はバチを一番上の糸であるⅠに当てましょう。Ⅰは３本の糸の中で一番太く、低い音が出ます。Ⅲを弾く時よりもバチを振り上げる時の手首の角度を大きくし、バチが落ちる位置を上に移動させてみましょう。

　ゆっくりと３回弾いて、３度目の音は長く伸ばして、低くて太いⅠの音色に耳を傾けましょう。Ⅰの開放弦はトンまたはドンと言います。ここではⅡの開放弦と区別するために「ドン」を使うことにします（本書の後半ではⅠの開放弦も「トン」と記載する場合があります）。バチを持つ右手の力が抜けていることを確認しながら、**基本フレーズ２**を何度か繰り返し演奏してみましょう。右手をのぞきこまずにまっすぐ正面を見て弾くのはⅢの時と同じです。

　　　基本フレーズ２　‖：ドン　ドン｜ドーン：‖

　何度か弾いたら、バチを止めて、バチの落ちた位置を見てみましょう。バチ皮の上にバチの先がきちんと乗っていますか？　基本フレーズが弾けるようになったら、リズムを変えた応用フレーズも弾いてみましょう。リズムはⅢの糸の応用フレーズと同じです。

　　　応用フレーズ２-１　‖：ドン　<u>ド ド</u>｜ドーン｜<u>ド ド ド ド</u>｜ドーン：‖

　　　応用フレーズ２-２　‖：ドーン・<u>ド</u>｜ドーン｜<u>ド</u> ドン　<u>ド</u>｜ドーン：‖

　Ⅰの開放弦を連続して弾くフレーズは、実際の曲の中にも出てきます。

　　　応用フレーズ２-３　‖：ドン　ドン　ドン　ドン：‖

　　　　　　　　　　《都風流》雪の合方（替手）Ⅰの開放弦をゆっくりと弱くやわらかく弾くと
　　　　　　　　　　雪がしんしんと降る様子を表します

　　　応用フレーズ２-４　｜<u>ド ド ド ド</u>｜<u>ド ド ド ド</u>｜<u>ド ド ド ド</u>｜ドン ドン｜

　　　　　　　　　　　　　　　　　　　　　　　　《鞍馬山》前弾の最後

　　　応用フレーズ２-５　｜ドーン ドーン ドン ドン ドン <u>ド ド</u> …… ドーン｜

　　　　　　　　　ナガシ《勧進帳》「如月の十日の夜」「海津の浦に着きにけり」など
　　　　　　　　　弾く音の数は決まっていません。だんだんに早く弾いていきます

　　　　　　　　　　　　　　　　　　　　　　7．Ⅰの開放弦を弾いてみよう　17

8. Ⅱの開放弦を弾いてみよう　トン・トン・トーン

　ⅢとⅠの開放弦にバチがうまく当たるようになったら、次はバチを真ん中のⅡに当ててみましょう。手首の角度も、バチが落ちる位置も、Ⅲを弾く時とⅠを弾く時の中間を意識してみてください。

　ゆっくりとⅡの開放弦を3回弾いて、3度目の音の余韻を聞きましょう。Ⅱの開放弦はトンと言います。バチを持つ右手の力が抜けていることを確認しながら、**基本フレーズ3**を何度か繰り返し演奏してみましょう。3本の糸の中でうまく当てるのが一番難しいのがⅡですが、右手をのぞきこまずにまっすぐ正面を見て弾き、右手をどのように調節すればよいかを体で覚えましょう。

　　　基本フレーズ3　‖:トン　　トン｜トーン :‖

　何度か弾いたら、バチを止めて、バチの落ちた位置を見てみましょう。バチ皮の上にバチの先がきちんと乗っていますか？　基本フレーズが弾けるようになったら、リズムを変えた応用フレーズも弾いてみましょう。リズムはⅢやⅠの糸の応用フレーズと同じです。

　　　応用フレーズ3-1　‖:トン　<u>ト ト</u>｜トーン｜<u>ト ト ト ト</u>｜トーン :‖

　　　応用フレーズ3-2　‖:トーン・<u>ト</u>｜トーン｜<u>ト</u> トン <u>ト</u>｜トーン :‖

　Ⅱの開放弦を連続して弾くフレーズは、実際の曲の中にも出てきます。

　　　応用フレーズ3-3　｜トン　　トン｜トーン｜トーン｜トーン｜

《末広狩》「神をたのむの誓いごと」の最後

　　　応用フレーズ3-4　（ヨ｜イ）<u>ト ト</u>　トン　トン｜トントン　トーン｜

《勧進帳》「面白や山水に」の直前
「ヨイ」というかけ声は休符の間やテンポを確認するためのものです

　　　応用フレーズ3-5　｜トーン トーン トン トン トン <u>ト ト</u> …… トーン｜

ナガシ《勧進帳》「関のこなたにたちかかる」「御前へこそは直しけれ」など
弾く音の数は決まっていません。だんだんに早く弾いていきます

9. 3本の開放弦を弾きわけよう　ドーン・トーン・テーン

　それぞれの糸にバチが当たるようになったら、次は3本の糸を弾き分けてみましょう。手首の角度とバチが落ちる位置を、弾く糸によってどう変えればよいかを意識しながら弾きましょう。

　それぞれの糸をゆっくりとⅠから順に1回ずつ弾き、Ⅲを弾いた後はバチ先をバチ皮の上につけたまま余韻を聞きながら休みます。これが**基本フレーズ4**です。何度か繰り返し演奏してみましょう。右手をのぞきこまずにまっすぐ正面を見て弾き、右手をどのように調節すればよいかを体で覚えましょう。3本の線は、一番下がⅠの糸、一番上がⅢの糸です。

　「ヨーイ」というかけ声は、休符の間を確認するためのものです。「ヨーイ」の「イ」を言うタイミングで、バチをあげて、次のフレーズを弾きましょう。うまく狙った糸にバチが当たらない時には、右手の力が抜けているか、手首の角度は適切かを確認してみましょう。

　基本フレーズが弾けるようになったら、リズムを変えた応用フレーズも弾いてみましょう。

　応用フレーズ4-1　‖:ドーン・ド│ドーン│トーン・上│トーン│テーン・テ│テーン:‖

　Ⅱの開放弦は、Ⅰの直後に弾く時には「トン」ではなく「テン」と言う人もいます。三味線の糸は3本ですが、口三味線は「高い糸」か「低い糸」の二分法で決められているため、Ⅱはその直前に弾く音との関係で、「高い糸」にも「低い糸」にもなるのです。

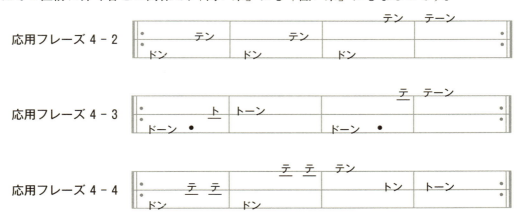

　開放弦の順番を入れ替えたり、リズムを変えたりして、自分でも応用フレーズを作って弾いてみましょう。

10. スクイの奏法で演奏してみよう
ドンロン・トンロン・テンレン・テーン

　三味線は、バチで上から糸を弾くのが基本的な奏法です。これ以外に、スクイ、ハジキ、スリ、ウチなどの奏法があります。ここでは、スクイの奏法を加えたフレーズを弾いてみましょう。

　基本奏法では、糸を弾いた後、バチ先をバチ皮の上で止めますが、止めたバチ先を下から上に動かして、糸をすくいあげるようにして弾いてみましょう（写真22）。スクイの音は、バチで弾く音より小さくて繊細な音ですので、下から上へのバチの動きは力を抜いて自然な動きとなるように心がけましょう。

写真22　スクイ奏法（この位置からバチを上げる）

　3本の開放弦をⅠから順に1回ずつ弾いた後にスクイの音を入れ、最後にⅢの開放弦をもう一度弾いて長く伸ばしましょう。これが**基本フレーズ5**です。スクイの口三味線は、開放弦をドン（トン）と呼ぶ場合（ⅠとⅡ）には「ロン」、開放弦をテンと呼ぶ場合（ⅡとⅢ）には「レン」です。何度か繰り返し演奏してみましょう。右手をのぞきこまずにまっすぐ正面を見て弾き、右手をどのように調節すれば、きれいにスクイができるかを体で覚えましょう。

基本フレーズが弾けるようになったら、リズムを変えた応用フレーズも弾いてみましょう。

開放弦を、スクイを加えながら弾くフレーズは、実際の曲の中にも出てきます。

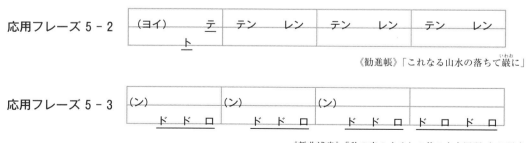

❖コラム　長唄ってどんな音楽？

長唄の特徴

　三味線音楽には多くの種目がありますが、長唄の第1の特徴は、唄と三味線が分業で、それぞれ複数の演奏者で一緒に演奏する点です。これは歌舞伎で演奏される常磐津節や清元節とも共通の特徴です。唄は、1曲の中で、全員で同じ旋律をうたう部分（ツレ）と、演奏者がひとりずつ交代で独唱する部分（一人唄い）とがあります。三味線は、唄の旋律の大事な音を弾くことが多いので、三味線が弾けるようになると、唄の旋律も聞き取りやすくなるでしょう。長唄は、拍（ビート）が安定している部分が多く、テンポ感がつかみやすいので、まずは口三味線で三味線の旋律を覚えましょう。

　長唄の第2の特徴は、楽器のみで演奏される「合方」が充実していることです。長唄の三味線は、合方部分では器楽的な旋律を奏でます。合方は、もともとは歌舞伎舞踊で踊り手が舞台に登場する時の伴奏音楽（「出の合方」や「ヨセの合方」「セリの合方」など）や、踊り手が衣装を変えるための時間をつなぐための音楽でした。しかし次第に《越後獅子》の「サラシの合方」や、《連獅子》の「クルイの合方」、《鏡獅子》の「髪洗いの合方」のように、踊り手が身体的な技巧を披露する時の音楽として、また《勧進帳》の「コダマの合方」や《老松》の「松風の合方」のように曲の中の情景を描写する音楽として発達していきます。

　合方では、第2のパートである「替手」が加わって、第1パートである「本手」と合奏をすることもよく行われます。2つのパートが交互に弾いて音を組み合わせたり、音域を変えて2つの旋律を重ねたり、片方のパートが同じ旋律型を繰り返して、もう片方のパートが旋律を展開させたり、さまざまな方法で音を複雑に絡ませます。

長唄の形式

　長唄は、種目名が示すように「長い音楽」です。短い曲でも10分ぐらい、長いと1時間近くかかる曲もあります。曲の内部がいくつもの部分に分かれ、対照的な雰囲気の音楽を組み合わせて曲が構成されています。歌舞伎舞踊曲として作曲された曲の場合、舞踊の形式と対応して、曲は基本的に以下のような部分で構成されています。

　　置き：曲の冒頭、踊り手が登場する前に曲の背景等を唄で説明する部分。
　　出端：踊り手が舞台に登場する部分。
　　クドキ：主人公の心情を表現する部分。ゆったりとした旋律で唄の聴かせどころ。
　　手踊り：軽やかな踊りを見せる部分。拍がはっきりとしていて印象的な旋律が多い。
　　チラシ：曲の終結部。テンポが早く、曲の終わりが近いことを示す。
　　段切：曲の終止旋律。どの曲でもほぼ同じ旋律が用いられる。

11. 左手で勘所(かんどころ)を押さえて弾いてみよう（1）
チンリン・ツンルン・チャンラン

　三味線は糸を左手の指で押さえることにより、さまざまな高さの音を弾くことができます。左手で押さえる場所のことを勘所と言います。勘所を押さえる基本の指は人差し指ですが、勘所によっては中指あるいは薬指で押さえることもあります。

　糸を押さえる前に、まずは、左手にはめた指かけが棹にさわっていることを感じながら、左手を自由に動かしてみましょう（写真23、写真24）。左手を動かしながら、バチで糸を弾くと、1本の糸からいろいろな高さの音が出ることがわかります。

写真23　左手が棹の最上部にある時　　　写真24　左手が棹の下の方にある時

　次に、三味線の棹をよく見てみましょう。棹には2つの継ぎ目があります。棹の中央より少し上にある継ぎ目は、音の高さを決める時の重要な参照点になっています。前にも述べたように、本書では、この場所を「継ぎ目の勘所」あるいは「継ぎ目」と呼ぶことにします（写真25）。本調子では、Ⅰで継ぎ目の勘所を押さえると、Ⅱの開放弦と同じ高さの音が、Ⅲでこの勘所を押さえるとⅡの開放弦の1オクターブ上の音が出ます。弾いて確認してみましょう。

　今度は、一番上（左上）の勘所を押さえてみましょう（写真26）。一番上の勘所を押さえる時には、左手の手首を少し曲げます。一番上の勘所を押さえると、開放弦より半音高い音が出ます。

写真25　継ぎ目の勘所　　　　　　　　　写真26　一番上の勘所

では、Ⅲで「継ぎ目の勘所」を押さえて、バチで弾いてみましょう。糸は人差し指の先でしっかりと押さえます（爪で押さえるとよい音がします）。Ⅲを左手で押さえた音（勘所音）の口三味線は「チン（チ）」と言います。ゆっくりと3回弾いて、3度目の音の後に「ソレ」というかけ声で間をとりましょう。「継ぎ目の勘所」で上手に弾けたら、次に「一番上の勘所」を押さえて、同じように弾いてみましょう。口三味線は同じです。

　　　基本フレーズ6　‖: チン　チン｜チン（ソレ）:‖

基本フレーズが弾けるようになったら、リズムを変えた応用フレーズも弾いてみましょう。

　　　応用フレーズ6-1　‖: <u>チ チ</u> チン｜<u>チ チ</u> チン｜チン <u>チ チ</u>｜チン（ソレ）:‖

今度はバチで弾いた後にスクイを入れてみましょう。口三味線は「リン（リ）」となります。

　　　応用フレーズ6-2　‖: <u>チ リ チ リ</u>｜チン（ソレ）:‖

　　　応用フレーズ6-3　‖: チン リン｜<u>チ リ チ リ</u>｜チン <u>チ リ</u>｜チン（ソレ）:‖

　同じように、Ⅱで**応用フレーズ6-2、6-3**と同じ音型を弾いてみましょう。低い糸で勘所を押さえて弾く時の口三味線は「ツン（ツ）」、スクイの音は「ルン（ル）」です。最初は継ぎ目の勘所で、それが上手に弾けたら、次に一番上の勘所を押さえて弾いてみましょう。

　　　応用フレーズ6-4　‖: <u>ツ ル ツ ル</u>｜ツン（ソレ）:‖

　　　応用フレーズ6-5　‖: ツン ツン｜<u>ツ ル ツ ル</u>｜ツン <u>ツ ル</u>｜ツン（ソレ）:‖

　Ⅲの継ぎ目の勘所を押さえた音は、Ⅱの開放弦より1オクターブ高い音が出ます。2本一緒に弾いて、それを確認してみましょう。**応用フレーズ6-2**の「チン」の音を弾く時に、Ⅱの開放弦も一緒に弾いてみてください。この2本の糸を一緒に弾く時の口三味線は「チャン（チャ）」と言います。また、チャンの直後のスクイの口三味線は「ラン（ラ）」となります。

　　　応用フレーズ6-6　‖: <u>チャ ラ チャ ラ</u>｜チャン（ソレ）:‖

　上手に弾けるようになったら、今度は**応用フレーズ6-6**を、Ⅲの一番上の勘所で弾いたり、Ⅲを開放弦にして弾いたりしてみましょう。それも弾けるようになったら、リズムを変えた**応用フレーズ6-7**も、それぞれの勘所で弾いてみましょう。

　　　応用フレーズ6-7　‖: <u>チャ チャ チャン</u>｜<u>チャ チャ チャン</u>｜<u>チャ ラ チャ ラ</u>｜チャン（ソレ）:‖

「チャチャチャン」の部分は、　♫♩のリズムで、「チャラチャラ」の部分は♫♫のリズムで、2つ目の音をスクイで奏します。

12. 2つの勘所と開放弦を使ったフレーズを弾いてみよう

　「継ぎ目の勘所（継）」と「一番上の勘所（上）」と開放弦（放）を使って、いろいろなフレーズを弾いてみましょう。まずはⅢの継ぎ目の勘所を人差し指で押さえて弾き（チン）、次に一番上の勘所を人差し指で押さえて弾き（チン）、最後に左手の指を糸から放してⅢの開放弦（テン）を弾きましょう。ゆっくり弾く時には、口三味線の母音を伸ばしてうたいます。開放弦を弾いた後に次の音を弾かずに余韻を聞きながら、「ソレ」と掛け声をかけて間を取ります。

　　　基本フレーズ7　‖：チーン｜チーン｜テーン｜（ソレ）：‖
　　　　　　　　　　　　　継　　　　上　　　放

　勘所音は、左手の指で糸をしっかりと押さえないと、よい音が出ません。次の勘所に移動する直前までしっかり糸を押さえましょう。また、最後の開放弦を弾く時には、左手は動かさずにその前の音を弾いた場所にとどめておきます。フレーズを繰り返す時には、最初の音（チン）を弾く直前に継ぎ目の勘所に左手を移動させます。

　次にスクイ（ス）を加えたり、リズムを変えた応用フレーズを弾いてみましょう。「ソレ」という掛け声は、基本フレーズの時より短くかけます。

　　　応用フレーズ7-1　‖：チリチン｜チリチン｜テーン｜レン（ソレ）：‖
　　　　　　　　　　　　　Ⅲ継 ス　　上 ス　　　放　　　ス

　同じようにしてⅡの糸でも、継ぎ目の勘所と一番上の勘所を弾いた後に開放弦を弾いてみましょう。

　　　基本フレーズ8　‖：ツーン｜ツーン｜トーン｜（ソレ）：‖
　　　　　　　　　　　　　Ⅱ継　　　上　　　放

　　　応用フレーズ8-1　‖：ツル ツン｜ツル ツン｜トーン｜ロン（ソレ）：‖
　　　　　　　　　　　　　Ⅱ継 ス　　上 ス　　　放　　　ス

　ⅡとⅢの糸の両方を使って弾くことで、さらにいろいろなフレーズを弾くことができます。実際の曲に出てくるフレーズをいくつか紹介しましょう。糸は数字が書いてなければ前と同じ糸を弾きます。勘所は奏法も記載がなければ直前と同じように弾きます。●は休符です。1つずつ音を弾いて旋律の動きを確かめたら、口三味線で何度かうたって音の動きを覚えましょう。

　応用フレーズ8-2は、**基本フレーズ7**と**基本フレーズ8**を組み合わせて、音の長さを少し変えたフレーズです。

応用フレーズ 8-2 ｜チン チン｜テン ツン｜ツーン｜トーン｜
Ⅲ継　上　　放　Ⅱ継　上　　　放

《末広狩》「千代をこめたる彩色の」
《五郎時致》「雨の降る夜も雪の日も」

応用フレーズ 8-3 ｜●　チン｜チン テン｜ツン　テン｜チン チン｜
Ⅱ継　上　放　Ⅱ継　Ⅲ放 継　上

｜ツン テン｜ツーン｜トーン｜
Ⅱ継　Ⅲ放　Ⅱ上　　放

《末広狩》「晴れて扇も名のみにて」

応用フレーズ 8-4 ｜●　ツン｜ツーン｜ツントン｜チ テン ツ｜テントン｜トーン｜
Ⅱ継　上　　　放　Ⅲ継放 Ⅱ継 Ⅲ放 Ⅱ放

《小鍛冶》「打つというそれは」

応用フレーズ 8-5 ｜チーン｜チン チン｜テーン・ツ｜ツーン｜トーン｜ロン ●｜
Ⅲ上　継　上　放　Ⅱ継　上　　放　　ス

｜テーン｜ドーン・ツ｜テーン｜レン ●｜ドン チ チ｜テントン｜トーン｜
Ⅲ放　Ⅰ放　Ⅱ継 Ⅲ放　　　ス　Ⅰ放 Ⅲ継上　放　Ⅱ放

《小鍛冶》「夜寒の麻ごろも」

応用フレーズ 8-6 ｜●　チン｜チン チン｜テン ツン｜ツーン｜トン ロン｜
Ⅲ上　継　上　放　Ⅱ継　上　　放　　ス

《勧進帳》「鎧にそいし袖まくら」

応用フレーズ 8-7 ｜●　ツン｜ツン ツン｜トン ツ ツ｜テン トン｜
Ⅱ上　　　　放　継　上　放　Ⅰ放

《勧進帳》「霜に露おくばかりなり」

応用フレーズ 8-8 ｜●　　ツ ツ｜ツン ツン｜トン　ツ ツ｜テン ドン｜
Ⅱ上　　　　放　継　上　放　Ⅰ放

｜● チ チ チ｜テツ ツン｜トーン｜トーン｜トーン｜
Ⅲ上継　上　放 Ⅱ継　上　　放

《勧進帳》「いざさせ給への折からに」

12. 2つの勘所と開放弦を使ったフレーズを弾いてみよう　25

13. ハジキの奏法で演奏してみよう（1）

　バチで弾く基本奏法とスクイに加えて、三味線ではハジキという奏法があります。これはバチを使わずに左手の指で弦をはじいて音を出す奏法で、ヴァイオリンなどのピチカート奏法と似ています。

　開放弦をはじく時には、人差し指を使って、棹の一番上の位置で糸をはじきます（写真27）。人差し指で押さえた勘所音をはじく時には、人差し指で糸をしっかりと押さえて、薬指ではじきます（写真28）。

写真 27 開放弦をはじく時　　　　　　　　**写真 28** 勘所音をはじく時

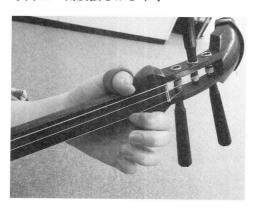 

　ハジキの口三味線はスクイの時と同じです。ハジキが使われるのはⅢが多いので、まずはⅢの開放弦のハジキを練習しましょう。

　　基本フレーズ 9　‖: テン レン｜レーン｜テ レ レ レ｜レン（ソレ）:‖

　次はⅢの勘所音のハジキを練習します。継ぎ目の勘所を押さえて弾いてみましょう。上手に弾けるようになったら、次に一番上の勘所を押さえて弾いてみてください。

　　基本フレーズ 10　‖: チン リン｜リーン｜チ リ リ リ｜リン（ソレ）:‖

　勘所音を弾いたすぐ後に開放弦のハジキを奏する時には、勘所を押さえていた場所で糸をはじきます。**基本フレーズ 11** は勘所音のハジキ（薬指ではじく）と開放弦のハジキ（勘所を押さえていた人差し指ではじく）の両方が出てきます。Ⅲの開放弦のハジキの口三味線はレン（レ）、Ⅲの勘所音のハジキはリン（リ）です。最初は継ぎ目の勘所で、弾けるようになったら一番上の勘所で弾いてみましょう。

　　基本フレーズ 11　‖: チン レン｜チン レン｜チ リ リ リ｜リン（ソレ）:‖

ⅠやⅡのハジキも練習しましょう。まずは開放弦のハジキです（ⅠもⅡも口三味線は同じ）。
棹の一番上の位置で人差し指ではじきます。

　　基本フレーズ12　‖：トン ロン｜ローン｜<u>トロロロ</u>｜ロン（ソレ）：‖

　次に勘所音のハジキを練習しましょう。一番上の勘所を押さえて薬指ではじいてみましょ
う。

　　基本フレーズ13　‖：ツン ルン｜ルーン｜<u>ツルルル</u>｜ルン（ソレ）：‖

　勘所音を弾いた後に開放弦のハジキの音を奏する時には、勘所を押さえていた場所ではじ
きます。ⅠやⅡの開放弦のハジキの口三味線はロン（<u>ロ</u>）、勘所音のハジキはルン（<u>ル</u>）です。
継ぎ目の勘所を押さえて弾いてみましょう。最初の2つの小節は開放弦のハジキ、次の2つ
の小節は勘所を押さえた音のハジキです。

　　基本フレーズ14　‖：ツン ロン｜ツン ロン｜<u>ツルルル</u>｜ルン（ソレ）：‖

　では、実際の曲の中で使われているフレーズを弾いてみましょう。ハジキは「ハ」、スク
イは「ス」と示してあります。1音ずつ弾いて旋律の動きを確かめたら、手の動きをイメー
ジしながら何度か口三味線をうたってみましょう。

　　応用フレーズ14－1　｜<u>チ</u> リン <u>チ</u>｜テン ツン｜ドーン｜
　　　　　　　　　　　　　Ⅲ継ハ　上　放　Ⅱ継　Ⅰ放

《末広狩》「<u>返事待つ恋</u>」

　　応用フレーズ14－2　｜チン チン｜テン レン｜ドン ツン｜テン ●｜
　　　　　　　　　　　　　Ⅲ継　上　放　ハ　Ⅰ放　Ⅱ継　Ⅲ放

《末広狩》「頼うだ<u>人</u>は今日もまた」

　　応用フレーズ14－3　｜<u>チ レ テツ</u>｜<u>ト チ チリ</u>｜テン ●｜
　　　　　　　　　　　　　Ⅲ上放ハ放　Ⅱ継　放Ⅲ上　ス　放

《末広狩》「まかり出しも<u>恥かしそうに</u>」

　　応用フレーズ14－4　｜<u>ト ト レン</u>｜<u>ト ト レン</u>｜<u>ト ト レ ト</u>｜<u>レ ト レン</u>｜
　　　　　　　　　　　　　Ⅰ放　Ⅲ放ハ Ⅰ放　Ⅲ放ハ　Ⅰ放 Ⅲ放ハⅠ放Ⅲ放ハⅠ放Ⅲ放ハ

《小鍛冶》「<u>霜夜の月と澄みまさる</u>」

　　応用フレーズ14－5　｜<u>ト リ ト リ</u>｜<u>ト リ ト リ</u>｜<u>ト リ ト リ</u>｜<u>ト リ ト リ</u>｜
　　　　　　　　　　　　　Ⅱ放 Ⅲ継ハ（以下繰り返し）

　　　　　　　　　　　　　｜トン <u>チ リ</u>｜トン <u>チ リ</u>｜トン <u>チ リ</u>｜トン チャン｜
　　　　　　　　　　　　　Ⅱ放　Ⅲ継ハ（以下繰り返し）　　　　　Ⅱ放　Ⅱ放＋Ⅲ継

《勧進帳》「寄せの合方」より

14. 左手で勘所を押さえて弾いてみよう（2）
人差し指・中指・薬指の使い分け

　三味線は1本の糸でさまざまな高さの音を出すことができます。音の高さは、左手の指で糸を押さえる場所（勘所）で変わります。糸を押さえる時には、人差し指のほかに、中指、薬指も使います。どの指を使って押さえるかは、勘所の位置や、次に出す音との関係で決まります。

　Ⅲの継ぎ目の勘所をまず人差し指で押さえて音を出してみましょう。次に人差し指を押さえたままで、中指を伸ばして糸を押さえると、半音高い音（短2度）を作ることができます（写真29）。**基本フレーズ15**を弾いてみましょう。人差し指を押さえたまま、中指で糸を押さえたり放したりします。「人」と書いてあるところは人差し指で、「中」と書いてあるところは中指も押さえましょう。

写真29　中指で糸を押さえる　　　　写真30　薬指で糸を押さえる

　　基本フレーズ15　‖:チン チン|チン（ソレ）:‖
　　　　　　　　　　　人　中　　人

　中指のかわりに薬指を伸ばして糸を押さえると、全音（長2度）高い音を作ることができます（写真30）。今度は、**基本フレーズ16**を弾いてみましょう。「薬」と書いてあるところは薬指で糸を押さえてください。手の大きさや指の長さは人によって違いますので、中指や薬指を人差し指からどのくらい離した場所で押さえるかは、音の高さをよく聞いて指の幅を調節してください。

　　基本フレーズ16　‖:チン チン|チン（ソレ）:‖
　　　　　　　　　　　人　薬　　人

前後に音を加えたもう少し長いフレーズを弾いてみましょう。「継中」は、継ぎ目の勘所に人差し指を置き、中指も押さえます。楽譜に指使いの指示がない時は、人差し指で押さえます。

　　応用フレーズ15－1　｜● チン｜チ リン チ｜テーン｜
　　　　　　　　　　　　継中　人 ハ　上　放

　　応用フレーズ16－1　｜チン チン｜チン チン｜テーン｜レン ●｜
　　　　　　　　　　　　継人 薬　人　上　　放　　ス

　次にⅡの継ぎ目の勘所に人差し指を置いて、Ⅲの時と同じように中指や薬指を使って演奏してみましょう。薬指で押さえた音は、Ⅲの開放弦と同じ高さの音になります。

　　応用フレーズ15－2　‖:ツン ツン｜ツン（ソレ）:‖
　　　　　　　　　　　　人　中　　人

　　応用フレーズ16－2　‖:ツン ツン｜ツン（ソレ）:‖
　　　　　　　　　　　　人　薬　　人

　本調子では、**応用フレーズ15－2**はあまり使われませんが、**応用フレーズ16－2**はよく使われます。実際の曲で使われている例を紹介しましょう。

　　応用フレーズ16－3　｜ツ ルン ツ｜ツン ツン｜ツン ツン｜ツン ツン｜ツン ツン｜
　　　　　　　　　　　　Ⅱ人 ス　　　　薬　　 人（以下繰り返し）

　　　　　　　　　　　｜ツン ツン｜ツン ツン｜ツン ツン｜ドーン｜
　　　　　　　　　　　　薬　　 人（以下繰り返し）　　　Ⅰ放
　　　　　　　　　　　　　　　　　　　　　　《勧進帳》「波路はるかに行く船の」

　　応用フレーズ16－4　｜● ツン｜● ツ ツ｜ツン ツン｜
　　　　　　　　　　　　 Ⅰ人　　薬人 薬 人
　　　　　　　　　　　　　　　　　　　《勧進帳》「いざ通らんと旅ごろも」より

　　応用フレーズ16－5　‖:ツル ツル｜テン ツル｜ツン テン｜● ●:‖
　　　　　　　　　　　　Ⅱ人 ス 人 ス　Ⅲ放 Ⅱ人 ス　薬　Ⅲ放（イ ヤ）
　　　　　　　　　　　　　　　　　　　　　　　《小鍛冶》「拍子の合方」より

15. 左手で勘所を押さえて弾いてみよう（3）
人差し指を使って棹を上下に移動しよう

　三味線の棹にはギターのようなフレットがないので、どこを押さえたらよいのか、何の目印もないように思われます。しかし、実際には継ぎ目の勘所が大きな目印となり、ここを基準に、自分の指幅をたよりにして、押さえる場所を決めていきます。

　基本フレーズ16では、継ぎ目の勘所を人差し指で押さえ、そこから全音高い勘所を薬指で押さえました。今度は、この薬指で押さえた勘所まで、人差し指を使って棹を下方（右下）に移動してみましょう（写真31）。棹の下方に移動すると音は高くなります。次に、人差し指を押さえたままで、中指でも糸を押さえて音を弾いてみましょう（写真32）。人差し指で押さえた音よりも半音高い音が出ます。

写真31　継ぎ目の勘所から移動　　　　　　写真32　移動した後に中指を押さえる

　次に中指で押さえた音から、1つずつ逆の動きをして、人差し指で継ぎ目の勘所まで戻ってみましょう。この往復運動が**基本フレーズ17**です。「→」で勘所の位置を移動させます。最初の「→」で棹の下方（右下）に移動し、次の「→」で継ぎ目の勘所に戻ります。

　　基本フレーズ17　‖: チン チン ｜ チーン ｜ チン チン ｜ チン（ソレ）:‖
　　　　　　　　　　　継人→人　　　中　　　　　人　→継人

同じようにⅠやⅡの糸でも弾いてみましょう。

　　応用フレーズ17-1　‖: ツン ツン ｜ ツーン ｜ ツン ツン ｜ ツン（ソレ）:‖
　　　　　　　　　　　　継人→人　　　中　　　　　人　→継人

次にスクイを入れて、継ぎ目の勘所から2往復してみましょう。

　　応用フレーズ17-2　｜ チ リ チ リ ｜ チ リ チ リ ｜ チ リ チ リ ｜ チ リ チ リ ｜ チーン ｜
　　　　　　　　　　　　継人　→人　　　　中　　人　→継人→人　　　中　　人　→継人

今度は継ぎ目の勘所から、上方向に移動して、継ぎ目の勘所よりも全音低い音を弾いてみましょう。移動する時の目安として、まず、継ぎ目の勘所を薬指で押さえ、それを基準にして、人差し指をしっかりと伸ばして糸を押さえ（写真33）、薬指を離すと全音低い音が出ます。継ぎ目の勘所に人差し指を置いて薬指を伸ばす時よりも、全音の音程を作るための距離が若干長いので、手の小さい人は薬指を少し浮かせてもかまいません。

写真33　薬指で継ぎ目の勘所を押さえたまま人差し指を上方向に伸ばす

継ぎ目の勘所から、人差し指を上方向（左上）に移動させて全音低い音を弾き、次にまた継ぎ目の勘所に戻ってきましょう。指を動かすのはバチで糸を弾く直前まで待ちましょう。

基本フレーズ18　‖: チン チン｜チン（ソレ）:‖
　　　　　　　　　　　継人→人　　→継人

同じようにⅠやⅡの糸でも弾いてみましょう。

応用フレーズ18-1　‖: ツン ツン｜ツン（ソレ）:‖
　　　　　　　　　　　　継人→人　　→継人

次に**基本フレーズ18**を弾く時に、Ⅱの開放弦も一緒に弾いてみましょう。

応用フレーズ18-2　‖: チャン チャン｜チャン（ソレ）:‖
　　　　　　　　　　　　継人　→人　　→継人

実際の曲の中で使われているフレーズを弾いてみましょう。三味線を弾かない時には拍を確認するために「ヨイ」というかけ声をかけます。またフレーズの最初は「フヨイ」というかけ声をかけることもあります。最初に継ぎ目の勘所を押さえて4回、次に棒の上方に移動して8回弾きます。最後に継ぎ目の勘所に戻って、スクイを入れながら4回弾きましょう。

応用フレーズ18-3

｜● ● ●　チャン｜チャン ●｜● チャン｜チャン ●｜● チャチャ｜チャン チャン｜
（フヨイ）継人　　　　　　（ヨイ）　　　　　　　　（ヨイ）→人

｜チャン チャン｜チャン チャン｜チャン ラン｜チャン ラン｜チャン ラン｜チャン ラン｜
　　　　　　　　　　　　→継人　　ス　　　　　　ス　　　　　　ス

《小鍛冶》「拍子の合方」冒頭部分

16. ハジキの奏法で演奏してみよう（2）
スリやウチの奏法にも挑戦

　左手の指で糸をはじく時の、基本の指使いは、開放弦ならば人差し指、勘所音ならば薬指でした（26ページ）。しかし、例外として中指ではじくことがあります。中指で押さえた音を弾いた後に、半音下の音（人差し指で押さえた勘所音）の音をハジキで弾く場合には、押さえていた中指を使って糸をはじきます。はじく時には、人差し指でしっかりと糸を押さえておくと良い音が出ます。

　では、人差し指をⅢの継ぎ目の勘所に置き、中指でその半音上の勘所を押さえて1音弾いてから、人差し指を押さえたまま中指ではじき、最後にもう一度中指で押さえた音を弾いてみましょう。

　　　基本フレーズ19　‖ チン リン｜チン（ソレ）:‖
　　　　　　　　　　　　 中　ハ　　中

　　　応用フレーズ19-1　｜チン リン｜<u>チ</u>リ<u>チ</u>リ｜チーン｜
　　　　　　　　　　　　　 中　ハ　　 中 ハ 中 ハ →人（棹の上方向へ全音移動）
　　　　　　　　　　　　　　　　　　　　《末広狩》「恋の奴の」の直後の合の手（短い間奏）

中指を押さえて1音弾いた後に、スクイを入れてからハジキを奏することもあります。

　　　応用フレーズ19-2　｜<u>チ</u>リ リン｜<u>チ</u>リ リン｜<u>チ</u>リ レン｜
　　　　　　　　　　　　　 中 ス ハ　　中 ス ハ　　上 ス 放ハ
　　　　　　　　　　　　　　　　　　《末広狩》「傘をさすなら春日山」の後の合方

　次に**基本フレーズ17**を参考にして、継ぎ目の勘所から、下方向に人差し指で移動して、次に中指で勘所音を弾いた後に、人差し指をしっかり押さえて、中指ではじいてみましょう。中指で勘所を押さえた音よりも半音低い音が出ます。

　　　応用フレーズ19-3　‖ チン チン｜チン リン｜チン リン｜チン（ソレ）:‖
　　　　　　　　　　　　　 継人→人　　中　ハ　　 中　ハ　　→継人

　薬指で勘所を押さえて1音弾いた後に、人差し指で押さえた音をはじく時には、勘所を押さえていた薬指を使って、棹の外側にむけて糸をはじきます。薬指で勘所を押さえた音より全音低い音が出ます。

　　　基本フレーズ20　‖ チン <u>チ</u>リ｜チン（ソレ）:‖
　　　　　　　　　　　　 継人 薬 ハ　薬

今度は、人差し指で勘所を押さえてバチで音を1つ弾いた後、次の拍で、人差し指で勘所を押さえたまま、薬指でも勘所を押さえ、すぐに放してみましょう。薬指で勘所を打つ時に、耳を澄ませると、糸の音が聞こえます。バチで弾かずに、指で勘所を打って、微細な音を出す奏法をウチ（打）と言います。口三味線では「ン」という音でウチを表します。その後、もう一度糸を押さえている人差し指の音を弾きます。

基本フレーズ 21　‖: チ　ン ｜チ ン （ソレ）:‖
　　　　　　　　Ⅲ継人 薬ウ 人

応用フレーズ 21 - 1　｜チ チ ン チ｜チ チ ン チ｜
　　　　　　　　　　Ⅲ継薬人 薬ウ人 薬 人 薬ウ人

《松の緑》「前弾」より

応用フレーズ 21 - 2　‖: ツ　ン ｜ツン （ソレ）:‖
　　　　　　　　　　Ⅱ継人 薬ウ 人

応用フレーズ 21 - 3　｜ド ツ ツ ル｜ツ ツ ン ツ｜ト ン チ リ｜レ ン　●｜
　　　　　　　　　　Ⅰ放Ⅱ継人 ス 薬 人 薬ウ人 放 Ⅲ継人ハ 放ハ

《勧進帳》「ヨセの合方」より

　今度は、継ぎ目の勘所より全音低い音の出る勘所を押さえてバチで音を1つ弾いてから、次の拍で継ぎ目の勘所まで指を移動させてみましょう。その時にしっかり糸を押さえて手を移動させます。耳をすますと、バチで弾いた音の余韻が高くなるのが聞こえます。指で勘所を移動させて、バチで弾かずに微細な音を出す奏法をスリと言います。口三味線ではスリも「ン」という音で表します。

　　　　　　　　　　　スリ
基本フレーズ 22　‖: チ ー ン｜チ チ　チ ン:‖
　　　　　　　　Ⅲ人 →継人

　　　　　　　　　　　　　スリ　　　　　　　　　　　　スリ
応用フレーズ 22 - 1　｜チ ー ン テ レ｜テ レ テ レ｜チ ー ン テ レ｜テ レ テ レ｜
　　　　　　　　　　Ⅲ人 →継人放 ス ス ス 人 →継人放 ス ス ス

《小鍛冶》「拍子の合方」より

　　　　　　　　　　　　　スリ
応用フレーズ 22 - 2　｜●　ツ ー ン ツ テ｜テ ン ツ テ｜テ ン ツ テ｜テ ン ●｜
　　　　　　　　　　Ⅰ人 →継人 Ⅰ継 Ⅱ放 Ⅰ継 Ⅱ放 Ⅰ継 Ⅱ放

《勧進帳》「ヨセの合方」より

　応用フレーズ 22 - 2は、Ⅰの継ぎ目を押さえた音と、Ⅱの開放弦は同じ高さの音です。音色の違いを意識して弾いてみてください。Ⅱの開放弦を弾く時もⅠの糸は押さえたままでかまいません。

16. ハジキの奏法で演奏してみよう（2）　　**33**

17. 複数の糸を使って弾くフレーズに挑戦しよう

　ここでは、これまでに覚えた手の動きを発展させて、複数の糸の勘所を押さえるフレーズを弾いてみましょう。まずは**基本フレーズ 15** をⅡの糸で弾く**応用フレーズ 15 - 2** をもう一度弾いてみましょう。

　　　応用フレーズ 15 - 2　‖：ツン ツン｜ツン（ソレ）：‖
　　　　　　　　　　　　　　　人　　中　　　人

　このフレーズを、人差し指はⅡの糸で、中指はⅠの糸で弾いてみましょう。この手の動きは、本調子の曲の中では、よく使われます。

　　　応用フレーズ 15 - 3　‖：ツン ツン｜ツン（ソレ）：‖
　　　　　　　　　　　　　　　Ⅱ人　Ⅰ中　　Ⅱ人

　　　応用フレーズ 15 - 4

　｜●　ツン｜ツーン｜●　ツン｜ツーン｜●　ツン｜●　ツン｜ツン ツン｜ツン テン｜
　　Ⅱ継人　（ヨ イ）Ⅰ中　（ヨ イ）Ⅱ人　　　Ⅰ中　Ⅱ人薬　人　　Ⅲ放

《鶴亀》「五百重の錦や」

　中指で低い糸を押さえるフレーズは、Ⅲの糸とⅡの糸の間でも使われます。まず**基本フレーズ 17** をもう一度弾いてみましょう。

　　　基本フレーズ 17　‖：チン チン｜チーン｜チン チン｜チン（ソレ）：‖
　　　　　　　　　　　　　　継人→人　　中　　　　　　人　　→継人

　このフレーズの前半を、人差し指はⅢの糸で、中指はⅡの糸で弾いてみましょう。後半は、Ⅱの糸を中指で弾いた後、人差し指もⅡの糸に移動して、**継ぎ目の勘所**まで戻ってみましょう。

　　　応用フレーズ 17 - 3　‖：チン チン｜ツーン｜ツン ツン｜ツン（ソレ）：‖
　　　　　　　　　　　　　　　継人→人　　Ⅱ中　　　　人　　→継

　　　応用フレーズ 17 - 4　｜●　チーン｜ツーン｜ツン ド ツ｜ツーン｜
　　　　　　　　　　　　　　　　　継人→人　Ⅱ中　　　Ⅰ放Ⅱ中

《末広狩》「声張り上げて」の直後

　次に薬指で低い糸を押さえるフレーズを弾いてみましょう。まず**基本フレーズ 16** をもう一度弾いてみましょう。

　　　基本フレーズ 16　‖：チン チン｜チン（ソレ）：‖
　　　　　　　　　　　　　　継人 薬　　人

　このフレーズを、人差し指はⅢの糸で、薬指はⅡの糸で弾いてみましょう。

　　　応用フレーズ 16 - 6　‖：チン ツン｜チン（ソレ）：‖
　　　　　　　　　　　　　　　継人 Ⅱ薬　人

実際の曲の中で、人差し指がⅢの継ぎ目の勘所、薬指はⅡを押さえるフレーズを弾いてみましょう。

　　応用フレーズ16－7

　｜チ リン ツ｜ツン チ ツ｜ツーン｜● チ ツ｜ツン チ ツ｜ツン ツン｜
　　継人 ハ　Ⅱ薬　　Ⅲ人 Ⅱ薬　　　　　Ⅲ人 Ⅱ薬　Ⅲ人 Ⅱ薬　　継人

《新曲浦島》「無増無減と唐土の」

　　応用フレーズ16－8　｜ツン チン｜ツーン｜ツーン｜トーン｜
　　　　　　　　　　　Ⅱ薬 Ⅲ継人　Ⅱ薬　　継人　　放

《小鍛冶》「クルイの合方」冒頭

　応用フレーズ16－6と同じ指の動きは、左手の位置を上方に移動して、人差し指が継ぎ目よりも全音低い音の出る勘所を押さえ、薬指が継ぎ目の勘所を押さえる場合にも使われます。

　　応用フレーズ16－9　‖:チン ツン｜チン（ソレ）:‖
　　　　　　　　　　　Ⅲ人 Ⅼ継薬　Ⅲ人

実際の曲の中で使われているフレーズを弾いてみましょう。

　　応用フレーズ16－10　｜● チ ツ｜チン ツン｜チ リ チ ツ｜ツン　ツン｜
　　　　　　　　　　　Ⅲ人Ⅱ継薬 Ⅲ人 Ⅱ薬　Ⅲ人 ハ　Ⅱ薬 上

《末広狩》「念のう早かった」の直後の合の手

　　応用フレーズ16－11　｜ツン テン｜チン ツン｜ツーン｜トーン｜
　　　　　　　　　　　Ⅱ継人 Ⅲ放 →人　Ⅱ継薬　上　　　　放
　　　　　　　　　　　　　　上方（左上）へ移動

《末広狩》「濡れて色増す花の雨」

17. 複数の糸を使って弾くフレーズに挑戦しよう　**35**

18. これまで覚えた勘所を確認してみよう

これまでに覚えた勘所を、ここで一度整理してみましょう（図1）。三味線の勘所の配置を考える時に、もっとも重要なのは「継ぎ目の勘所」です。ここに人差し指を置いて中指で押さえた勘所が半音高い音、薬指で押さえた勘所が全音高い音になり、人差し指の音が中心音、中指や薬指で押さえる音は中心音を装飾する音となります。薬指の勘所（全音高い勘所）へは、人差し指を使って移動することもあります。全音高い勘所に人差し指で移動した時には、そこから中指を出してさらに半音高い音が作れます。継ぎ目の勘所より棹の上方に位置する勘所に関しては、「一番上の勘所」と、「継ぎ目の勘所よりも全音低い音を出す勘所」の2つを覚えました。

図1　これまでに覚えた勘所

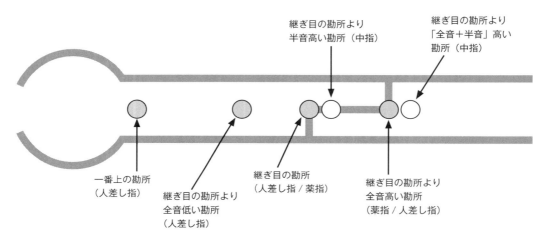

これまでに覚えた勘所は6つです。長唄の三味線では、1本の糸で開放弦から約1オクターブ半上の音までを出すことができます。半音ごとに勘所があると考えるならば、棹の上には約20個の勘所が存在します。3本の弦があるので、全部で約60個です。しかし、勘所の使用頻度には、バラつきがあります。まずはよく使われる勘所がどこにあるかを覚え、それらの勘所を使ったフレーズをしっかりと覚えましょう。

次ページに、それぞれの勘所が、長唄で現在よく使われている2種類の楽譜で、どう表示されるかを示します（表2）。どちらの楽譜も数字で音を示していますが、数字の表す意味は異なります。文化譜（38ページの譜例3参照）は、開放弦を0、一番上の勘所を1とし、以下一番下の勘所16まで、数字は糸を押さえる勘所を示します。開放弦の1オクターブ上が10となるよう、1オクターブの12個の音のうちほとんど使われない2個の音には番号が

与えられていません。小十郎譜（39ページの譜例4参照）は、0が休符、1から7までの数字はドレミに対応しています。本調子に調弦した三味線の場合、Ⅰの開放弦の音を「・7」、Ⅱの開放弦の音を「3」、Ⅲの開放弦の音を「7」と表記します。半音を表す時には「♯4」「♭7」のように五線譜で使用する記号を付します。

譜例2 文化譜と小十郎譜で使用される数字と音高の関係（本調子の場合）

小十郎譜	・7	1	♯1	2	♭3	3	4	♯4	5	♭6	6	♭7	7	1・	♯1・	2・	♭3・	3・	4・	♯4・	5・	♭6・	6・	♭7・	7・	1:	♯1:	2:	♭3:	3:	4:	♯4:
文化譜Ⅰ	0	1	2	3	♯	4	5	6	7	8	9	♭	10	11	12	13	1♯	14	15	16												
文化譜Ⅱ				0	1	2	3	♯	4	5	6	7	8	9	♭	10	11	12	13	1♯	14	15	16									
文化譜Ⅲ								0	1	2	3	♯	4	5	6	7	8	9	♭	10	11	12	13	1♯	14	15	16					

小十郎譜では、本来高い音域は「1‥」のように横に2つの点を並べるがここでは「1:」という表記としている。

表2 これまでに覚えた勘所の楽譜表記（小十郎譜はドレミの読み方も相対音高で付記）

楽譜の種類＼勘所	開放弦	一番上の勘所	継ぎ目より全音低い勘所	継ぎ目の勘所	中指	薬指	継ぎ目より全音高い勘所	中指
文化譜	0	1	3	4	5		6	7
小十郎譜Ⅰ	・7 シ	1 ド	2 レ	3 ミ	4 ファ		♯4 ♯ファ	5 ソ
小十郎譜Ⅱ	3 ミ	4 ファ	5 ソ	6 ラ	♭7 ♭シ		7 シ	1・ ド
小十郎譜Ⅲ	7 シ	1・ ド	2・ レ	3・ ミ	4・ ファ		♯4・ ♯ファ	5・ ソ

譜例3　文化譜の例　（長唄《勧進帳》）

四世杵家弥七原著　三味線文化譜 長唄 勧進帳（邦楽社改訂・発行）より

　文化譜では、ハジキは「ハ」、スクイは「ス」、中指で押さえる時は「Ⅱ」、薬指で押さえる時は「Ⅲ」と記します。人差し指で弾くことを明記したい時には「Ⅰ」と書きます。

譜例4　小十郎譜の例（長唄《勧進帳》）

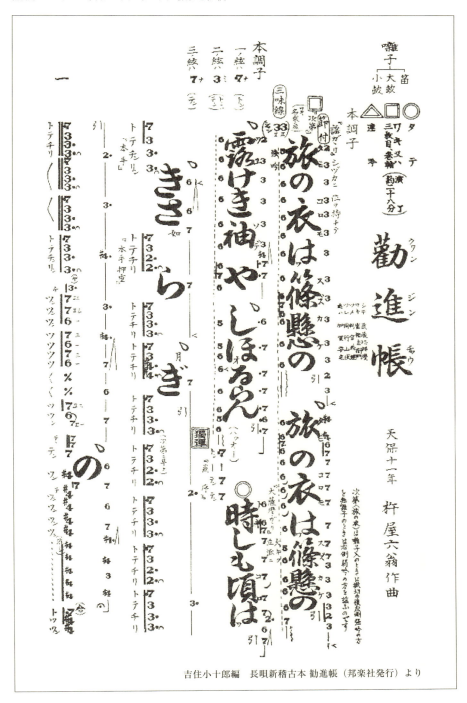

吉住小十郎編　長唄新稽古本 勧進帳（邦楽社発行）より

　小十郎譜では、ハジキは「∩」、スクイは「∨」、中指で押さえる時は「二」、薬指で押さえる時は「三」と記します。人差し指で弾くことを明記したい時には「一」と書きます。

19. 実際の長唄曲の一部を演奏してみよう（1）

　これまでに覚えてきた勘所や奏法を使って、長唄曲の一部を演奏してみましょう。ここからは、口三味線と文化譜の勘所番号を併用した楽譜を使います。指使いは、その前に使った指と同じ指で糸を押さえる場合には、記載を省略してあります。

曲例1 《末広狩》① 「出の合方」＋「まかり出しも恥ずかしそうに」

　同じ旋律が2度繰り返されます。人差し指をⅢの継ぎ目の勘所「4」に置いて中指や薬指を出したり、人差し指を全音低い勘所「3」や一番上の勘所「1」まで移動させたりします。スクイやハジキの奏法がありますので、口三味線を歌いながら弾くとよいでしょう。冒頭のⅠの開放弦や、3小節目冒頭のⅡの開放弦が挿入されることで、旋律に動きが加わります。

曲例2 《鶴亀》「庭のいさごは金銀の」

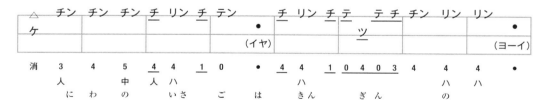

　曲例1と基本的な指の動きは似ていますが、ハジキが頻繁に出てくるので、きれいな音が出せるよう工夫してみてください。冒頭の△は「消し」という奏法で、Ⅲの開放弦を弾いてすぐに左手の中指と薬指で糸にさわって響きを消します。

曲例3 《小鍛冶》① 「出の合方」冒頭

　冒頭はスリの奏法です。Ⅲの継ぎ目の勘所「4」を弾いたら、人差し指を下方に「6」まで移動させ、Ⅰの開放弦を1つ弾いた後に、中指でⅡの「7」を押さえ、次にⅢの糸の上にあった人差し指をⅡの「6」に置き換えてⅡを弾きます。その次に人差し指でⅢの継ぎ目の勘所「4」に戻り、Ⅱの開放弦と交互に3回弾きます。ここまでの旋律をもう一度繰り返した後、冒頭2小節を2回、次に冒頭1小節だけを2回繰り返し、最後にもう一度冒頭2小節を弾きます。合方では、しばしば、このように同じような動きを何度も繰り返して旋律が展開します。

曲例4 《末広狩》② 「若緑なるシテとアド」

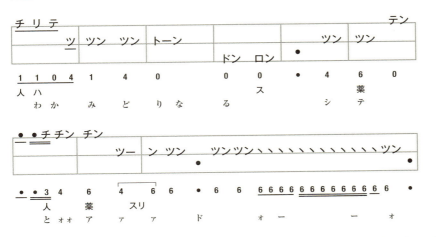

　曲例1の直前部分です。一番上の勘所「1」と継ぎ目の勘所「4」の移動が中心ですが、ハジキや開放弦が途中に挿入され、短いけれども変化の多い旋律です。最後はⅡのナガシです。継ぎ目の勘所「4」から「6」までスリで移動した後、「6」の音を繰り返し、だんだんに早間(はやま)で弾いていきます。

19. 実際の長唄曲の一部を演奏してみよう（1）　41

曲例5 《勧進帳》① 「ヨセの合方」

歌舞伎の人気作品のひとつ《勧進帳》の中で、義経・弁慶たち一行が花道から登場することを予告する合方です。《勧進帳》は上演機会も多く、また中学校の音楽の教科書でも取り上げられているので、知っている人もいるでしょう。

「ヨセの合方」の1段目、最初の2小節は、Ⅲの継ぎ目の勘所「4」から下方へ人差し指を移動させて「6」を弾き、次に中指を出して「7」、中指を離して「6」を弾きます。この動きを次の2小節でもう一度繰り返します。次の4小節は中指を出して「7」、中指を離して「6」を弾いた後、継ぎ目の勘所「4」からスリで「6」に移動して、中指でⅡの「7」を押さえます。Ⅰの開放弦を挿入した後、スクイを加えながら中指の音を5回繰り返します。この4小節も、もう一度繰り返します。Ⅱの「7」を押さえていた中指をⅢの「7」に移すと繰り返しの最初の音になります。

2段目の前半は、「ドツツル」（Ⅰの開放弦＋Ⅱの糸の勘所音）という4つの音を、Ⅱの勘所を変えながら4回弾きます。最初は直前と同じく中指で「7」を押さえ、次に中指を離し

42　19. 実際の長唄曲の一部を演奏してみよう（1）

て人差し指をⅢからⅡに移動させて「6」を押さえ、3度目は継ぎ目の勘所「4」に移動し、最後は薬指で勘所「6」を押さえます。

2段目後半は、**応用フレーズ21-3**としてすでに紹介した部分です。Ⅱの継ぎ目の勘所「4」に人差し指を置いて、直前のフレーズと同様に「<u>ドツツル</u>」と演奏した後、人差し指を押さえたまま、薬指で「6」を押さえたり離したりを繰り返し「ツツツ」と弾きます。「ン」はウチの奏法で、バチで弾かずに薬指で「6」を打ちます。勘所を打った時の音をしっかりと聞き取りましょう。最後にⅡの開放弦を弾いた後、人差し指でⅢの「4」を押さえて「トンチリレン」と弾きます。「レン」は押さえていた人差し指で開放弦をはじく音です。バチで弾く音、勘所音のハジキ、開放弦のハジキと、異なる音色の音が奏されます。

3段目も**応用フレーズ14-5**としてすでに紹介した部分です。最初の4小節はⅡの開放弦とⅢの「4」のハジキ音の連続、次の4小節は「トンチリ」（Ⅱの開放弦の後、Ⅲの勘所音をバチで1音弾いてからハジキを加える動き）を3回続けた後、「トンチャン」とⅡの開放弦の後に、ⅡとⅢを同時に奏します。

「ヨーイ」というかけ声で休符（間ま）をしっかりとった後、左手の人差し指をⅢの「3」の勘所まで移動させ、Ⅱの開放弦を挿入した後、「3」の勘所をスクイを入れながら繰り返し、次に人差し指を押さえたまま薬指でⅢの「4」を押さえて1音弾いてから薬指を離して「<u>チリ</u>」とスクイを加えて弾く動きを、2回繰り返します。

次の2小節は、薬指で「4」を押さえたり離したりを4回繰り返します。「4」の音は2度目からは「ウチ」の奏法です。口三味線をうたいながら、「ン」の時にはバチを使わずに薬指で勘所をしっかり押さえて打つように意識しましょう。

ここまでは2小節あるいは4小節単位でフレーズが進行していましたが、次の「<u>チリドツツン</u>」は、1小節半のフレーズです。最初の「<u>チリ</u>」は、薬指でⅢの「4」を押さえてバチで弾いた後、押さえていた薬指を棹の外側に強く移動させることでハジキの音を出します。この時、人差し指をしっかりと押さえておくことが大事です。次にⅠの開放弦を弾き、続けて薬指でⅡを押さえて2回弾きます。

この後、勘所を変えて「ドツツン」と2回弾きます。1回目はⅡの一番上の勘所「1」、2回目は継ぎ目の勘所「4」を人差し指で押さえます。次に、もう一度「1」を人差し指で押さえて「<u>ドツツ</u>」と弾いた後に糸を押さえている人差し指で糸をはじき（「<u>レ</u>」）、その後に「テツドン」（Ⅱの開放弦→Ⅰの「1」の勘所→Ⅰの開放弦）というフレーズを加えます。

最後は、**応用フレーズ22-2**として紹介した部分です。Ⅰの「3」の勘所を人差し指で押さえてバチで弾き、弾いた後に継ぎ目の勘所まで糸をしっかり押さえたままで人差し指を移動させます。糸をしっかり押さえてスリの技法を行うと、余韻の音が全音高くなるのが聞こえるはずです。自分の出した音を聞くように心がけてください。最後にⅠの「4」とⅡの開放弦を連続して弾きます。同じ高さですが、音色が違うのを意識して弾きましょう。

一言コラム：ⅠやⅡの開放弦は、旋律の中心音となる場合と、他の糸で奏される旋律を装飾する役割で用いられる場合とがあります。

19. 実際の長唄曲の一部を演奏してみよう（1）　　**43**

20. 棹の下方の勘所を弾いてみよう

　三味線は1本の糸で出せる音域が広いのが特徴です。棹の下方（右下）を押さえるほど高い音が出ます。基本的な指使いはこれまでに覚えた棹の上方の勘所を押さえる時と同じですが、棹の下方へ行くほど、短い移動距離で音程が変わります。下方の勘所は、Ⅲの糸ではよく使われますが、ⅠやⅡの糸ではあまり使われません。
　まず、棹の上方の勘所について、位置関係と指使いを確認しましょう。

図2　棹の上方の勘所の位置関係

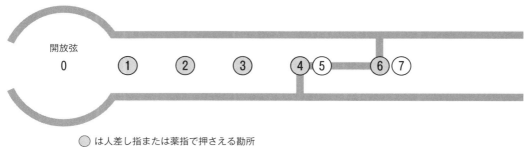

次に、棹の下方の勘所の位置関係を図3に示します。

図3　棹の下方の主要な勘所の位置関係

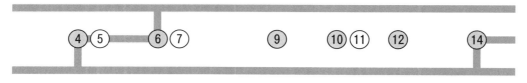

　まずは、Ⅲの開放弦より1オクターブ高い音が出る勘所「10」を探して、人差し指で押さえましょう。そこから中指を出すと「11」の勘所、薬指を伸ばすと「12」の勘所です。

基本フレーズ23　‖：チン　チン｜チン（ソレ）：‖
　　糸番号と勘所番号　　Ⅲ10　11　　10
　　　　　　　　　　　　人　中　　　人

基本フレーズ24a　‖：チン　チン｜チン（ソレ）：‖
　　　　　　　　　　Ⅲ10　12　　10
　　　　　　　　　　人　薬　　　人

次に、「9」の勘所を人差し指で押さえてみましょう。「9」の勘所は「10」よりも全音（長2度）低い音が出ます。「9」を人差し指で押さえて薬指で「10」を押さえます。

基本フレーズ24b　‖：チン チン｜チン（ソレ）：‖
Ⅲ9　10　　9
人　薬　　人

今度は、「9」の勘所から人差し指で「10」まで移動して、そこで中指を使って「11」を押さえてみましょう。

基本フレーズ25　‖：チン チン｜チーン｜チン チン｜チン（ソレ）：‖
Ⅲ9　10　　11　　　11　10　　9
人　　　　中　　　　　　　人

これらのフレーズは実際の曲の中では、同じ音を繰り返したり、リズムが変形されたり、スクイやハジキが加えられて、さまざまな旋律の形をとります。

応用フレーズ24b　｜● <u>チ リ</u>｜<u>チ リ</u> チン｜<u>チ リ チ リ</u>｜チン ●｜
Ⅲ9 ス　9 ス　10　　9 ス 9 ス　10
人　　　　薬　人　　　　薬

《鶴亀》「庭のいさごは金銀の」の後の合の手

応用フレーズ25－1
｜チーン チーン｜<u>チン チン チン チン</u>｜<u>チン チン チン チン</u>｜<u>チン チ リ</u> リン｜
Ⅲ9　10　　11 10 11 10　　11 10 11 10　　11　11 ス ハ
人　　　　　中 人　　　　　中 人　　　　　中

｜<u>チ リ</u> リン <u>チ リ</u> リン｜<u>チン チ リ</u> リン｜
11 ス ハ 11 ス ハ　11　11 ス ハ
中

《小鍛冶》「拍子の合方」より

応用フレーズ25－2
｜<u>ドン チン チン チン</u>｜<u>チ リ ト チ チ リ</u> ●｜<u>チ チ</u> チン <u>チ チ</u> チン｜<u>チ チ チ チ チ チ</u> ●｜
Ⅰ0 Ⅲ9 10 11　10 ハ Ⅱ0 Ⅲ10 10 ス　11 11 10 11 11 10　11 11 11 11 11 10
人　　　中 人　　　　　　　　　　　中 人 中 人　　中　　　　人

《勧進帳》「舞の合方」より

20. 棹の下方の勘所を弾いてみよう　**45**

21. 中指での移動を伴うフレーズを弾いてみよう

　ここまでは人差し指を中心とする手の動きを覚えてきました。重要な音を人差し指で押さえ、そこから半音上の勘所を中指で、全音上の勘所を薬指で押さえるというやり方は、どの音域でもほぼ共通です。また本書の後半で扱う他の調子（二上りや三下り）でも共通です。

　ここでは、中指での移動を伴うフレーズを覚えましょう。**基本フレーズ7**は、人差し指で継ぎ目の勘所から一番上の勘所へと移動した後に開放弦を弾くものでした。

　　基本フレーズ7　‖チーン｜チーン｜テーン｜（ソレ）‖
　　　　　　　　　　Ⅲ4　　 1　　 0

　このフレーズを五線譜に示したものが譜例5です。開始音と最終音の音程は完全4度で、中間音は、最終音の半音上になっています。

譜例5　基本フレーズ7の音程関係

　この音型は、同じ糸の上を左手が移動して奏する場合と、隣り合った2本の糸を押さえて奏する場合とがあります。前者と後者とでは、弾く糸が違うため音色が異なり、口三味線も異なります。五線譜に書くと同じでも、三味線を演奏する人にとっては、2つは別の旋律であり、どちらを弾くのかを曲の中のそれぞれの場所でしっかりと区別する必要があります。

　同じ糸上でこの音型を奏する場合には、中指を使って棹上を移動することがよくあります。ここでは、このような手の動きをまとめて紹介します。勘所「14」は棹の下方（右下）にある継ぎ目の位置です。

　　基本フレーズ26a　‖チーン｜チーン｜チーン｜（ソレ）‖
　　　　　　　　　　　Ⅲ9　　 5　　 4
　　　　　　　　　　　中　　 人

　　基本フレーズ26b　‖チーン｜チーン｜チーン｜（ソレ）‖
　　　　　　　　　　　Ⅲ10　　7　　 6
　　　　　　　　　　　中　　 人

　　基本フレーズ26c　‖チーン｜チーン｜チーン｜（ソレ）‖
　　　　　　　　　　　Ⅲ14　　11　　10
　　　　　　　　　　　中　　 人

　これの音型は、開始音が装飾されることも多く、その時には指使いが変わります。次の2つの例は、**基本フレーズ26a**が装飾されたものです。**応用フレーズ26a-2**の最初の音を弾く時には、人差し指で「9」を押さえておきましょう。

　　応用フレーズ26a-1　‖●チン｜チン チン｜チャン｜（ソレ）‖
　　　　　　　　　　　　Ⅲ9　10　 5　　Ⅱ0 Ⅲ4
　　　　　　　　　　　　人　薬　 中　　　人

応用フレーズ 26a‑2 　‖: ● チ リ ｜ チーン ｜ チャン ｜（ソレ）:‖
　　　　　　　　　Ⅲ10 9 ハ　5　　　Ⅱ0 Ⅲ4
　　　　　　　　　薬　　中　　　　　人

では、これの音型が、実際の曲の中で使われている例をいくつか紹介しましょう。

応用フレーズ 26a‑3
｜ ドン チン ｜ チーン ｜ チーン ｜ テン チン ｜ チン リン ｜ ● リン ｜ リーン ｜ リーン ｜
　Ⅰ0 Ⅲ9　　5　　　4　　　0 　3　　4　　ハ　　　ハ　　　ハ　　　ハ
　　　中　　　　　　　　人

《勧進帳》「これやこの行くも帰るも」

応用フレーズ 26a‑4 　｜ ● チン ｜ チーン ｜ チン チーン ｜ チン リン ｜ リン チン ｜
　　　　　　　　　　　Ⅲ9　5　　　5 　9 10　　　4　ハ　　ハ　5
　　　　　　　　　　　中　　　　　　　　　　人　　　　　中

《鶴亀》「日月のひかりを」

応用フレーズ 26b 　｜ チ チ チ チ ｜ チ チ チ テ ｜
　　　　　　　　　　Ⅲ6 7 10 7　　4 6 1 0
　　　　　　　　　　人 中　　　　人 薬 人

《小鍛冶》「クルヒの合方」より

応用フレーズ 26c
‖: チン チン チン チン ｜ ト チ チ リ チン :‖ チン チン ● チン ｜ チーン チーン ｜
　Ⅲ11 14 11 10　　Ⅱ0 9 9 ス 10　　　14 11 14　　11　10
　　中　　　　人　　　　　　　　　　　　　中　　　　　　　人

《小鍛冶》「拍子の合方」より

22. 棹の上方でのフレーズを弾いてみよう

　ここでは、勘所「2」と「3」を中心としたフレーズを紹介します。長唄では、半音の音程が現れる時には、低い方の音が中心音となります。通常は、中心音を人差し指で押さえ、中指で半音高い音を押さえるやり方で演奏しますが、棹の上方の「2」と「3」の勘所に関しては、「2」の音を人差し指で押さえ、半音高い「3」は薬指で押さえます。

基本フレーズ 27a　‖:テン チン｜チーン｜チン チン｜テン（ソレ）:‖
　　　　　　　　Ⅲ0　2　　3　　　3　2　　0
　　　　　　　　　　人　薬　　　　　人

基本フレーズ 27b　‖:トン ツン｜ツーン｜ツン ツン｜トン（ソレ）:‖
　　　　（ⅠまたはⅡで）0　2　　3　　　3　2　　0
　　　　　　　　　　　　人　薬　　　　　人

同じ勘所を押さえながら、隣り合った弦に移動して旋律を展開することもできます。

基本フレーズ 27c　｜チン チン｜テン ツン｜ツン ツン｜ツーン｜
　　　　　　　　　Ⅲ3　2　　0　Ⅱ3　2　Ⅰ3　2
　　　　　　　　　薬　人　　　　薬　人　薬　人

これらの勘所を使ったフレーズをいくつか弾いてみましょう。

応用フレーズ 27 – 1　｜ツ ツ テ ツ｜ツン ト テ｜ツーン｜
　　　　　　　　　　Ⅱ4 6 Ⅲ0 Ⅱ3　2 Ⅰ0 Ⅱ0　2
　　　　　　　　　　人 薬　　　　人

《鶴亀》「其の数一億百餘人」

応用フレーズ 27 – 2　｜● チン｜チーン｜チン チン｜テン チン｜ツーン｜ツーン｜
　　　　　　　　　　Ⅲ3 2　3　　3 2　0　2　Ⅱ3　2
　　　　　　　　　　薬 人　　薬 人　　　　　薬　人

《鶴亀》「君の叡覧にて」

応用フレーズ 27 – 3　｜● ツ ル｜ツ レ ツ ロ｜ド ツ ツル｜テン チン｜チャン｜
　　　　　　　　　　Ⅱ3 2ハ　2　0ハⅠ1 0ハ　0　Ⅱ6 6 ス　Ⅲ0　3　　Ⅱ0 Ⅲ4
　　　　　　　　　　薬　人

《末広狩》「返事待つ恋」の直後の合の手

　本調子では薬指で棹上を移動することはほとんどありませんが、例外として以下のようなフレーズがあります。

基本フレーズ 28　‖:チン チン｜チーン｜チン チン｜チン（ソレ）:‖
　　　　　　　　Ⅲ2　3　　6　　　6　3　　2
　　　　　　　　人　薬　　　　　　人

本調子でこのような手の動きが現れるのは、大薩摩節（おおざつまぶし）の旋律型の場合に限られます。大薩摩節は、初期の歌舞伎で、荒事（あらごと）と呼ばれる作品の伴奏を担当した浄瑠璃（語り物音楽）でした。語り物を伴奏する三味線音楽は、曲の中で物語を語るので、言葉が聞き取りやすいように工夫した伴奏型が編み出されました。歌舞伎での大薩摩節は、次第に長唄の演奏家が担当するようになり、長唄曲の中でもその旋律型が使われるようになりました。

応用フレーズ28-1　|● 　テ　ツ|●チ チ テ|チ ツ　ツン|
　　　　　　　　　Ⅲ0 Ⅱ2 　Ⅲ3 6 0 　2 Ⅱ3 2
　　　　　　　　　人　　　薬　　　人 薬人

　　　　　　　　　　　　　　　　　　　　　　　《五郎時致》「倶不戴天の父の仇」

応用フレーズ28-2　|チ チ チ チ|● チ チ テ|チ ツ ツン|
　　　　　　　　　Ⅲ2 3 6 4 　6 4 0 　2 Ⅱ3 2
　　　　　　　　　人薬　　　　　人　薬人

　　　　　　　　　　　《勧進帳》「ここにて討ちとめ給はんこと」、《鶴亀》「奏聞（そうもん）とは何事ぞ」

　「2」の音は「3」の勘所音を伴わずに単独で使われたり、人差し指で「2」から「4」へ移動したりすることもあります。

応用フレーズ28-3
|テ テ テ テ|テ チ テ ツ|テ ツ ツン|ツ ツ テン|ツーン|ツ ツ ツ ツ|テン テン……(ナガシ)|
Ⅲ0 0 0 0 　0 2 Ⅱ0Ⅰ2 　Ⅱ0 2 4 　6 4 Ⅲ0 　Ⅱ2 　2 4 6 4 　Ⅲ0 0
　　　　　　　　　人　　　　薬人　　　　　　　薬人

　　　　　　　　　　　　　　　　　　　　　　　《勧進帳》「月の都をたち出でて」

　また次のフレーズでは、「3」の勘所は1回目は人差し指で、2回目は中指を使って押さえます。

基本フレーズ29　|ツ テ チ ツ|テーン|
　　　　　　　　Ⅰ3 Ⅱ0 2 Ⅰ3 Ⅱ0
　　　　　　　　人　　　　中

23. 特別なフレーズを覚えよう

　三味線音楽では、さまざまな曲に出現する旋律があります。ここでは、本調子の長唄曲でよく使われる旋律をいくつか紹介します。

「チントンシャン」：三味線の擬音としてしばしば使われる「チントンシャン」は、唄の新しいフレーズを促す役割をもつ旋律です。２本の糸を同時に弾く重音奏法の口三味線は、高い糸（Ⅱ・Ⅲ）の場合、本書では「チャン」と記載していますが、糸の区別をせずにすべて「シャン」と言う人もいます。

基本フレーズ30　｜チン トン｜チャン｜
　　　　　　　　Ⅲ4　Ⅱ0　Ⅱ0Ⅲ4
　　　　　　　　人　　　　人

段切：長唄曲の最後（段切）はいつでもほぼ同じ旋律で終わります。

基本フレーズ31　｜ドン チ チ｜チン チン｜チン チン｜チン テン｜ツーン｜ツン ツン｜
　　　　　　　　Ⅰ0 Ⅲ77　7　6　　4　1　　1　0　　Ⅱ4　　6　4
　　　　　　　　　　中　　　人　　　　　　　　　　　　　　　薬　人

　　　　　　　　｜ドン チ チ｜テ ツ ツ ツ｜トン チ リ｜トン ●｜ツーン｜ツーン｜シャン｜
　　　　　　　　Ⅰ0 Ⅲ41　0 Ⅱ415Ⅱ4　0 Ⅲ3 ハ　Ⅱ0　　Ⅰ3　3　Ⅰ4Ⅱ0
　　　　　　　　　　人　　　中 人

《小鍛冶》「四方に其の名は響きけり」

オトシ：曲の途中の大きな区切れを示す時に使われる旋律です。

基本フレーズ32　｜● チン｜チン チン｜チン リン｜テン ツン｜ツン テン｜
　　　　　　　　　Ⅲ7　6　4　1　ハ　0　Ⅱ4　6　Ⅲ0
　　　　　　　　　中　人　　　　　　　　薬

　　　　　　　　｜● チン｜チン レン｜チン チン｜テーン｜
　　　　　　　　　Ⅲ4　1　0 ハ　1　4　0
　　　　　　　　　人

《末広狩》「げにまこと」

平家ガカリ：曲中で物語の開始を示す旋律です。旋律の動きはⅢの糸で作られ、常にⅡの開放弦が一緒に奏されます。《末広狩》の冒頭で使われています。

基本フレーズ33　｜チャ チャ チャ チャ｜● チャン｜チャン｜
　　　　　　　　Ⅱ0Ⅲ4 Ⅱ0Ⅲ3 Ⅱ0Ⅲ0 Ⅱ0Ⅲ3　Ⅱ0Ⅲ4　Ⅱ0Ⅲ4
　　　　　　　　人

大薩摩節については49ページでも説明しましたが、よく使われる旋律型をさらにいくつか紹介します。

序：物語の開始部分で使われる旋律型です。《五郎》の冒頭、《鞍馬山》の前弾の直後などで使われています。

基本フレーズ34　｜テ チ チ リ｜チ ツ ツ ツン｜● テ ツ｜ツーン｜シャン｜
　　　　　　　　Ⅲ0 3 4 ハ　4 Ⅱ6 6 4　　　Ⅲ0 Ⅱ6　Ⅰ5　Ⅰ4 Ⅰ0
　　　　　　　　人　　　　　　　薬 人　　　　　人　　中　　人

本手押重：大薩摩節の代表的な旋律です。長唄の通常の拍子感がなくなり、唄の言葉に添うように弾きます。「ドテチリ」というフレーズの数は決まっていません。次第にテンポを速くしながら、唄の旋律が高音域から下りてくる頃合いを見計らって、「チツン」というフレーズに移行し、その後、継ぎ目の勘所「4」と薬指の「6」を交互に弾き、だんだんに速くします。唄がⅢの開放弦の高さの音で安定したら、唄が息を継ぐ間に「テテテン」と弾いて、最後はナガシに移行します。《五郎》、《鞍馬山》などの冒頭部分で使われています。《勧進帳》の冒頭「如月の」では、ナガシをⅢの開放弦（テン）ではなく、Ⅱの勘所「3」を押さえた音（ツン）で弾きます。

基本フレーズ35

｜ド テ チン リン　ド テ チ リン　ド テ チ リ　ド テ チ リ　ド テ チ リ
　Ⅰ0 Ⅰ0　Ⅲ0 4　ハ　Ⅰ0 Ⅰ0　Ⅲ3　ハ　Ⅰ0 Ⅱ0　Ⅲ4　ハ　Ⅰ0 Ⅰ0　Ⅲ6　ハ　Ⅰ0 Ⅰ0　Ⅲ4　ハ
　人

ド テ チ リ　ド テ チ リ　ド テ チ リ　ド テ チ リ　ド テ チ リ　ド テ チ リ
Ⅰ0 Ⅰ0　Ⅲ3　ハ Ⅰ0 Ⅰ0　Ⅲ4　ハ　Ⅰ0 Ⅰ0　Ⅲ6　ハ　Ⅰ0 Ⅰ0　Ⅲ4　ハ　Ⅰ0 Ⅰ0　Ⅲ3　ハ　Ⅰ0 Ⅰ0　Ⅲ4　ハ

ド テ チ リ　ド テ チ リ　チ ツン　ツンツンツンツンツンツン　テテテン　テン……（ナガシ）｜
Ⅰ0 Ⅰ0　Ⅲ4　ハ Ⅰ0 Ⅰ0　Ⅲ4　ハ　4 Ⅰ6　6 4 6 4 6 4　Ⅲ0 0 0　0
　　　　　　　　　　　　　薬　　人 薬 人 薬 人

ノット（祝詞）：神仏に祈る場面を表す旋律です。囃子と一緒に演奏する時には、大鼓と小鼓がノットと呼ばれる手組（リズムパターン）を演奏します。《小鍛冶》の「夫れ唐土に」の直前、《勧進帳》の「それ山伏と云っぱ」の直前で使用されています。また《鞍馬山》では「いでや琢磨の修行をなさん」の後に省略した形で使われています。

基本フレーズ36　｜テン テン｜ツン ツン‖ツン ツン｜ツン ツン‖
　　　　　　　　Ⅲ0 0　Ⅱ3 2　3 2　3 2
　　　　　　　　薬 人　薬 人　薬 人

23. 特別なフレーズを覚えよう　51

24. 実際の長唄曲の一部を演奏してみよう（2）

曲例6 《末広狩》③ 「傘をさすなら春日山」

チン	チン	チリリーンチ	テン	チン		チン		トン	チャーン	ラン	・	チン	チン	チーン
		・= =			トン トン		トン							

9	5	4 4 4 ・1	0	3 4	0	0	4	0	0 4	4	・	3	4	5
中		人 ハ ハ スリ							ⅢⅢ	ス				中

かさ を

チン	チン	チーン	テーン			チン	リン	テーン
				・ ツン	ドン ドン			・ ツ ツン ツン

9	5	4	0	・ 4	0 0	0 1	0	・4 1 4
中 さ	す ゥ	人 な	ら			か す が	ハ や	ァ

トン	ロン	トン	ロン	トン		（イ	ヤ）	チャー	打 チャ	チャン チャン	チャーン	チャ	チャン チャン
					・	・	・		ン			・	

0	0	0	0	0		0 9	10 0 9	0 10	0 9	0 5	・0 5	0 5	0 4
ス ま		ス				ⅢⅢ人 薬	ⅢⅢ人	ⅢⅢ薬	ⅢⅢ人	ⅢⅢ中	ⅢⅢ	ⅢⅢ	ⅢⅢ人

・	チ リ	リン	チ リ	リン	チ リ	レン		テ チ	チン	リン	リン	・
						・ （イヤ） ド	ツ ツル ツツ					

・	5 5	4	5 5	4	1 1	0	0 4 4 4 6 4 0 3	4	4	4
	中 ス ハ		ス ハ		人 ス ハ		ス 薬		ハ	ハ

前半は、中指での移動（**基本フレーズ26a**）が2度出てきます。1段目第4小節からの「トントン チントンチャーン」は**基本フレーズ30**（チントンチャン）の応用です。

3段目第5小節からは合の手（短い間奏）です。最初の4小節間は重音で、Ⅱの開放弦を一緒に弾きます。前半の「チャーンチャ チャンチャン」は「9」の勘所を人差し指で押さえ、1つおきに薬指で「10」の勘所を押さえます。「10」の最初はウチなので、バチを使わずに「チャーン」の「ン」の時に勘所を強く打ちます。後半の「チャーンチャ チャンチャン」は中指で「5」を押さえて3回弾き、最後に中指を離して「4」を弾きます。

4段目の最初の小節からは、スクイとハジキが多用されますので、口三味線を覚えて、それを言いながら弾きましょう。間を確認するためのかけ声「イヤ」も言ってみましょう。

曲例7 《勧進帳》② 「日は照るとも〜いとま申してさらばよとて」

《勧進帳》の終わりに近い部分で、短いフレーズが2小節単位で次々と展開します。1つのフレーズの中では同じ動きが繰り返されます。最初の2小節はⅠとⅡの開放弦を連続して弾いた（<u>ドテ</u>）後に、Ⅱの開放弦をスクイを入れつつ3回弾きます（<u>テンレン</u>）。次の2小節は「<u>チン チリ レン</u>」というスクイとハジキを組み合わせた動きを2度繰り返した後、Ⅱの「4」の音（<u>ツン</u>）を弾きます。続く2小節はⅠの開放弦とⅡの「4」と、「4」を押さえて薬指を伸ばした「6」を「<u>ドッ ツン</u>」と弾き、これを3度繰り返してから、最後にⅢの開放弦（<u>テン</u>）を弾きます。

次の2小節はⅢの「4」を押さえて「<u>チン チリ リン</u>」と2度弾いてから、人差し指で「6」まで移動します。続く2小節は、前半が「6」に人差し指を「7」に中指を置いた動き、後半は「4」に人差し指を置いて「6」を薬指で押さえた後、手を棹の上方に移動させます。

次の2小節は、Ⅱの「4」とそこから薬指を出した「6」の勘所で「<u>スッツン</u>」（「スッ」は休符を示す口三味線）を4回弾きます。唄の歌詞を8拍の中に入れて「<u>せき守のひとびと</u>」とうたい、下線部分で三味線を「<u>ツン</u>」と弾きます。続く2小節は**基本フレーズ27c**の応用です。最後にⅠの開放弦の後にⅡの「2」の勘所を弾き（<u>ドツ</u>）、「<u>ツンルン</u>」2回の間に「2」から「4」まで糸を押さえた指を下げていきます。

24. 実際の長唄曲の一部を演奏してみよう（2）　53

曲例8 《鞍馬山》 「せり上げの合方」

歌舞伎で役者がセリで舞台の下から登場する時の伴奏音楽です。拍子感がはっきりしていて、覚えやすい旋律ですので、口三味線でうたいながら、弾いてみましょう。ⅠやⅡの開放弦が装飾的に挿入されています。これまでに学んだフレーズを応用すれば弾ける曲ですので、本調子のまとめとして、挑戦してみてください。5段目の最後「ドツツテレツドン」は、スクイの位置が紛らわしいので、「ドツツ」「テレ」「ツドン」と3つに分けて整理するとよいでしょう。

54 24. 実際の長唄曲の一部を演奏してみよう（2）

曲例9 《小鍛冶》② 「拍子の合方（後半）」

この合方を、本調子のまとめとして弾いてみましょう。5段目の「ツルツル テン ツル ツン テン」は、Ⅱの「6」を押さえたツンとⅢの開放弦テンの両方が使われます。音の高さは同じですが音色が異なりますので、口三味線を確認しながら弾きましょう。

❖コラム　三味線の調弦法

3つの調弦法

　三味線という楽器の特徴として、複数の調弦（調子）をもつことが挙げられます。ヴァイオリンやギターなど西洋の弦楽器の場合、特殊な場合をのぞいて、調弦方法は一通りに決められていますが、三味線にはよく使われる調弦が3種類あります。

　これまで本書で学んできたのは「本調子」という調弦でした。本調子のⅡを全音高くすると「二上り」、本調子のⅢを全音低くすると「三下り」という調弦になります。また、三下りのⅠを全音下げると二上りに、逆に二上りのⅠを全音上げると三下りになります。つまり、3つの調弦はどれか1本の糸を全音上げるか下げるかすれば、他の調弦に移行することができるのです。Ⅰは調弦する時の基準となる糸ですが、西洋の楽器とは異なり、基準の音の高さは決まっていません。歌い手の声の高さに合わせてⅠの高さを決めます。だからこそ3つの調弦法の間を自由に往来することが可能なのでしょう。調弦は、曲の雰囲気を決める大切な要素の1つです。1曲を1つの調弦のままで演奏する曲もあれば、1曲の中で調弦を変えることで、曲の雰囲気を変化させることもあります。

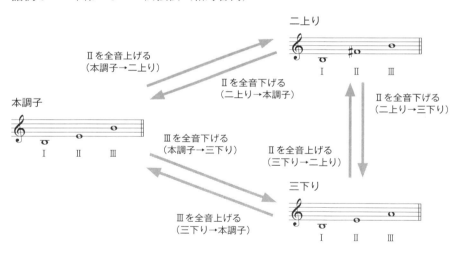

譜例6　三味線の3つの調弦法（相対音高）

　調弦が変わると、3本の開放弦の音程関係が変わるので、楽器を弾いた時の音の響きが変わります。本調子に比べて低い弦2本がよく共鳴する二上りでは全体的に音がよく響きます。三下りでは開放弦の中に1オクターブの音程がなく、全体的に音の響きが抑制されます。長唄では、本調子は真面目で厳格な雰囲気、二上りは陽気で明るい雰囲気、三下りは古風なまたは寂しげな雰囲気の曲で用いられることが多く、1曲の中で調弦を変える理由は、このような調弦による雰囲気の違いがあると思われます。三味線を弾く時の手の動きや、よく使われる旋律パターンも調弦によって異なります。

25. 二上りに調弦してみよう

　本調子のⅡを全音高くした調子が二上りです。Ⅱの開放弦は、Ⅰの開放弦の完全5度上に合わせます。高さを確認したい時には、Ⅰの「6」の勘所を押さえて、Ⅱの開放弦と高さが同じになっているか確認してみてください。二上りの開放弦の音程関係を譜例7に示します。
　調子をあわせたら、開放弦を弾いてみましょう。本調子の時と同じように、「テーンテーンテーン」「トーントーントーン」「ドーンドーンドーン」と弾いてみてください。Ⅱの開放弦が本調子よりも全音高くなったために、明るい響きがするのが二上りの特徴です。この特徴を生かして、明るく陽気な場面で二上りの調子がよく用いられます。
　Ⅱの開放弦が全音高くなったため、Ⅲでも Ⅱの開放弦の1オクターブ上の勘所「6」が中心音となります。開放弦の音は、旋律の中の大事な音として機能します。そのため、Ⅲの勘所でよく使われる場所も調子によって変わってきます。Ⅲの「6」の勘所を人差し指で押さえて、Ⅱの糸の開放弦と一緒に「チャン」と弾いてみましょう。もし調子があっていないと感じたら、三味線を構えたままで、糸巻に左手をもっていき、バチで音を出して確認しながらⅡの高さをあわせてみましょう（写真34）。バチで音を確認する時には、何度も弾くのではなく、1回だけしっかりと弾き、音の余韻を聞きながら糸巻を動かすのがよいでしょう。

譜例7　二上りの音程
　　　（3本に合わせた場合）

写真34　三味線を構えて調弦する

　調子が合ったら、本調子の時に弾いた**基本フレーズ1**から**基本フレーズ5**を弾いて、二上りの開放弦の音程関係に慣れましょう。

26. 二上りの特徴的な手の動きを覚えよう（1）

　文化譜の勘所番号と音高の対応関係は、ⅠとⅢは本調子も二上りも共通です。Ⅱの糸に関して、文化譜と小十郎譜の対照表を表3に示します。

表3　文化譜と小十郎譜で使用される数字と音高の関係（二上りのⅡの主要な勘所）

文化譜	0	1	3	4	5	7	8	9	10
小十郎譜	♯4	5	6	7	1・	2・	3・	4・	♯4・
西洋音名	♯ファ	ソ	ラ	シ	ド	レ	ミ	ファ	♯ファ

　Ⅱの開放弦の音高が変化したことにより、それぞれの弦で重要な勘所の場所も本調子とは違ってきます。二上りで重要な勘所を図4に示します。参考として本調子で重要な勘所を図5に示します。比べてみると、二上りの手の動きの特徴がわかるでしょう。

図4　二上りの重要な勘所

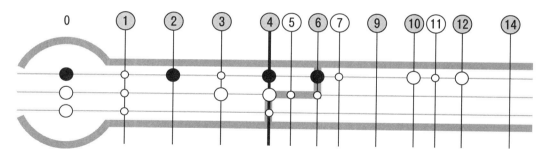

図5　本調子の重要な勘所

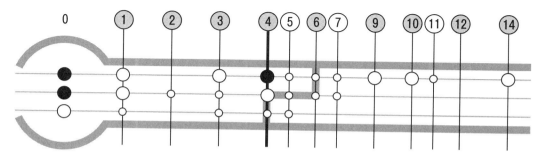

では、Ⅲの「6」の勘所を中心としたフレーズを弾いてみましょう。

基本フレーズ37　｜チーン｜チーン｜チン チン｜チン チン｜チーン｜リーン｜
　　　　　　　　Ⅲ4　　6　　7　6　　7　4　　6　　　　ス
　　　　　　　　人　　　　　中　人　　中　人

基本フレーズ38　｜チン チン｜チン チン｜チン リン｜リーン｜
　　　　　　　　Ⅲ10　7　　6　4　　6　　ハ　　ハ
　　　　　　　　中　　　　　人

応用フレーズ37　｜チン チン｜テーン｜トン チン｜チャーン｜ラン｜
　　　　　　　　Ⅲ4　1　　0　　　Ⅱ0　4　　Ⅱ0Ⅲ6　ス
　　　　　　　　人

《五郎時致》「藪のうぐいす」の直前

応用フレーズ38
｜チン チン｜チン リン｜トン チン‖チン リン｜トン チン‖チーン｜
Ⅲ10　7　　6　ハ　　Ⅱ0　4　6　ス　　Ⅱ0　Ⅲ4　6
中　　　　人

《五郎時致》「堤のすみれ」の直前

本調子ではⅠとⅡの間で現れた**応用フレーズ15-3**（人差し指で高音弦を押さえ、中指で低音弦を押さえる）が、二上りではⅡとⅢの間で出現します。

基本フレーズ39　｜チン チン｜チン チン｜チーン｜
　　　　　　　　Ⅲ4　Ⅱ5　Ⅲ4　6　　7
　　　　　　　　人　中　人　　中

応用フレーズ39-1　｜●チ チ チ｜チ チ ツン｜ツ チ チ ツ｜チ チャン●｜
　　　　　　　　　Ⅲ7　6　7　　4　6　Ⅱ5　　5　Ⅲ4　6　Ⅱ5　Ⅲ4　Ⅱ0Ⅲ6
　　　　　　　　　中　人中　人　薬　中　　　人　薬　中　人

《五郎時致》「現人神と末の代も」

他にもⅡの開放弦が高くなったために、本調子とは異なる手の動きが出てきます。

基本フレーズ40　‖テン ツン｜トーン｜ツン トン｜ツン（ソレ）‖
　　　　　　　　Ⅲ0　Ⅱ1　0　　　1　0　　Ⅰ4
　　　　　　　　人

基本フレーズ41　‖チン テン｜ツーン｜ツン ツン｜ツン（ソレ）‖
　　　　　　　　Ⅲ1　0　　Ⅱ3　　3　4　　5
　　　　　　　　人　　　　　　　　　　中

応用フレーズ40　｜●テン｜チーン｜チン テン｜ツン ツン｜テン ツン｜トーン｜
　　　　　　　　Ⅲ0　2　　3　　0　　3　0　　Ⅱ1　1　　Ⅲ0　Ⅱ1　0
　　　　　　　　人　　薬　　　　　　人

《元禄風花見踊》「花見小袖の縫箔も」

応用フレーズ41
｜●チ レ｜ツーン｜●ツ ツ｜ツーン｜チン ツン｜テーン｜トン ツン｜ツーン｜
Ⅲ10ハ　Ⅱ3　　3　4　5　　Ⅲ4　Ⅱ5　0　　Ⅱ0　Ⅰ4　1
人　　　　　　　中　　　人　中　　　人

《元禄風花見踊》「新奇凝らした真紅の紐を」

26. 二上りの特徴的な手の動きを覚えよう（1）　59

27. 二上りの特徴的な手の動きを覚えよう（２）

　二上りでは、段切やオトシの旋律も、本調子とは若干異なります。

　　応用フレーズ 31 - 1 （二上りの段切）

ドン <u>チ チ</u>	チン チン	チン ツン	ツン ツン	ドーン	チン チン
Ⅰ0 Ⅲ7 7	7 6	4 Ⅱ5	5 4	Ⅰ 0	Ⅲ10 6
中	人	中	人	中	人

チン チン	チン ツン	<u>チ チ</u> テン	●	ツーン	ツーン	チャン
Ⅲ4 6	4 Ⅱ5	Ⅲ4 6 0		Ⅱ3	3	Ⅱ0 Ⅲ0
人 薬	人 中	人薬		人		

《五郎時致》「<u>開帳あるぞ賑はしき</u>」

　　応用フレーズ 32 - 1 （二上りのオトシ）

● チン	チン チン	ツーン	● <u>チ ツ</u>	テン ツン	ツン テン
Ⅲ7 6	4 Ⅱ5	Ⅲ4 Ⅱ5	Ⅲ0 3	4 Ⅲ0	
中	人	中	人 中	人	

● チン	チン レン	チン チン	テーン
Ⅲ4	1 0ハ	1 4	0
人			

《元禄風花見踊》「<u>面しろや</u>」

　　応用フレーズ 39 - 2　 ‖ ドーン・<u>チ</u> | チン（イヤ） | チャ チャ チャ チャ | チャン ：‖

Ⅰ0 Ⅲ4	6		ⅡⅢ6 Ⅰ0Ⅲ4 Ⅰ0Ⅰ6 ⅡⅢ0Ⅲ4	Ⅱ0Ⅲ6
人 薬			人 薬 人 薬	

チーン	チーン	<u>チ リ</u> チ ツ	テーン	トーン・ツ	トーン・ツ	トン <u>ツル</u>	ローン
Ⅲ2	4	2 ハ 2Ⅱ3	Ⅲ0	Ⅰ0	Ⅰ4	Ⅱ0 Ⅰ4 Ⅲ0 1 ス	0ハ
人		中	人				

《元禄風花見踊》「<u>連れて着つれて行く袖も</u>」

　応用フレーズ 39 - 2 は、《元禄風花見踊》に出てくる二上りの有名な旋律です。冒頭の「ドー
ン・<u>チ</u>チン」の部分は、Ⅰの開放弦をたっぷりと伸ばして、後半の「<u>チ</u>チン」を一気に弾
きましょう。弾き終わったら「イヤ」とかけ声をかけてしっかりと間をとります。続く「<u>チャ</u>
<u>チャチャチャチャン</u>」はまず単音で高い音だけ弾いてみましょう。Ⅲの継ぎ目の勘所「４」
に人差し指を置いて、薬指でⅢの「６」を押さえたり、Ⅱの「６」を押さえたりします。単
音で弾けるようになったら、隣り合った低音弦（ⅡやⅠ）の開放弦を加えて弾きます。口三
味線の原則に従えば「<u>チャチャシャチャチャン</u>」となりますが、実際にはこれだと言いづら
いので「<u>チャチャチャチャチャン</u>」とうたって弾いてみてください。

28. 実際の長唄曲の一部を演奏してみよう（3）

曲例10 《勧進帳》③ 「人目の関のやるせなや～浮世なれ」

```
チン チン チーン        チン チーン        チン チーン        チン チン リン
              ●                ●                ●
            （ヨイ）          （ヨイ）          （ヨイ）
4  6  7              ●7    7      ●7    7      ●7    7   7
人    中              ひ と  め     の ォ  ォ     ォ せ  き  スィ

チン チン チン チン チン チン        ツン ツン ● ツン ツーン   ● チン チーン
                                                           ●
                                                         （ヨイ）
6  4  4  7  6  4     5  5  ● 5  4      ● 4  1
人    中 人    中     人    ア や ァ あ ァ ァ
   の  ォ や る ゥ セ    な
         
チン テン              テン チン チーン   チン テン
    ツーン     トン トーン                   ツーン   トン ロン
1  0  3    ●  0  0     0  2  3    2  0    1      0  0
人                         薬  人           スォ
ア  ア ァァァァ さ と ォ ら  れ ェ  ェ ぬ ゥゥこ そ ォ

   チン チン チン        テン        テン チン チン レン チン チン テン
●                ツーン        ツン                                      ●
●  4  6  4  5      0  3    0      4    1  0    1  4  0
   人 薬 人 中      人          な    ハ  れ ェ  ェ
   う き ィ よ      ォ              ァ
```

　《勧進帳》は本調子で始まり、曲の途中で調子を二上りに替え、最後にもう一度本調子に戻って終わります。二上り部分は、弁慶が安宅の関での難を振り返る場面で、たっぷりとした唄にあわせて、三味線が拍子をきざんでいきます。「ああ、悟られぬ」の部分では、唄が拍子を離れて音を伸ばすことで、弁慶の感情を表します。テンポがゆっくりの部分ですので、慌てずにひとつひとつの音を丁寧に弾きましょう。勘所を押さえる左手を次の音を出す直前までしっかりと押さえておくと、音がつながって聞こえます。

曲例11 《五郎時致》 「藪のうぐいす～庭の梅」

トン	トン	トーン	トーン	トン	•	チン チン テーン		チン トン	チャーン	ラン	•
0	0	0	0	0	• 人	4 1 0		0 4	06 II III	6 ス	• や

チーン		チン チーン		• ツン	ツーン	テ	• ツーン	• トン	ツン		テン
6 人 ぶ	• ゥ	6 6 の	• う	5 ぐ 中	5 ゥ	• イ	0 ス	3 き	• ま	0 ァ	3 0 ま

チーン	チン チン テーン		トーン	ロン	•	テ ツ ツル テ ツン	テ テッテ 打 ツツ ドン		チン
1 人 に	4 1 0 な い	0 ィ	0 て	0 ス	• ェ	1 0 1 1 0 4 6 0 ス 薬	1 0 4 1 0 人 中		10 チン

チン チン チーン	チン チン チーン	チン チン		ツーン	•	チン チャーン	ラン	•
7 6 4 中 人	4 6 7 中	6 4 5 人 中 うら やま しさ		ツーン の	•	4 06 に II III	6 ス わ	• ァ

チン チン チン チン チン リン	リン リーン	リン	チン チリ チーン		ラン	ドーン ツ
7 6 7 4 6 6 中 人 中 人 ハ の ォ う	6 6 ハ ハ ェ ゥ め	• 6 6 ハ	4 4 4 1 ス		0 • 4	• 4

テン	•	ツル	チン チン	•	チ チ チン チン チン チン		ツーン	ツーン	ルン	•
0	•	4 5 5 4 人 中 ス 人	6	• 中	6 7 10 7 人		6 4 中	5 人	4 ス	•

応用フレーズ37-1の後に続く、春ののどかな風景を描いた部分です。3段目の「気ままに鳴いて」の後の合の手（短い間奏）では、棹の一番上の勘所から「10」の勘所まで、左手を大きく移動させますが、途中に開放弦が挿入されていますので、慌てずに弾きましょう。

曲例12 《元禄風花見踊》より　前弾

（楽譜・三味線文化譜）

第1段：
チ チ チン チン　チン チン チン チン　チン チン チン チン　チン チン テン　　チ チン チン
　　　　　　　　　　　　　　　　　　　　　　　　　　　ツン
（フヨイ）　　　　　　　　　　　　　　　　　　　　　　　ドーン
　• 1 1 1 1　1 1 1 1　1 1 1 1　1 1 0 3　0　• 4 4 4
　　人

第2段：
チン チン チン チン　チ チン チン チン チン チン チン　チ チ　チ チ リ チ リ チ チ　チ
　　　　トーン　　　　　　　　　　　　　　•　　　　　ト　　　　　　　　　ト
　　　　　　　　　　　　　　　　　　　　　[シメテ]　[次第にノル]
　4 4 6 4　0 • 7 7 7　7 7 7　• 10 7 0 6　6 6 6 6　7 10 0　6
　人 薬 人　　中　　　　　　　　　　　人　ス　ス　中　　人

第3段：
チ リ チ リ　チ チ チ　チ リ チ リ チン　チ リ リン チ リ リン　チン チ リ リン
　　　　　　　•　　　　　　　　　　　　　　　　　　　　　　　　　　　　　•
　6 6 6 6　• 9 10 11　10 10 12 10 7　6 6 6　4 4 4　6 6 6　6 •
　人 ス ス　　中　人 ス 薬 ハ 中　人 ス ハ　ス ハ　ス ハ

第4段：
チ リ リン チ リ リン　チン チ リ リン チン　チ リ チ リ チ リ チ リ チ リ チ リ
　　　　　　　　　　　　　　　　　　　　　　　　　　　　　ツン ツン　ツ　　ト ツ
　　　　　　　　　　　　　　　　　　　　　　　　　　　　　　　　　ツ
　6 6 6　4 4 4　6　6 6 6　7　4 4 4 4 4 4 4 4　6 6 6 4　5　4　6 4　0　3
　人 ス ハ　ス ハ　　スハ 中　人 ス ス ス ス 薬 ス ハ 中 人 薬 人

第5段：
チ リ チ テレ　　　　　　　チ チーン　　　ラン
　　　　　ツ ト テツ　　•　　　　　　チャーン　　　•
ドン　　　　　ツ　　ドン[鎮メテ]
0　1 1 1 0 0 1　0 4 0 3　0　•　1 1　0 0　0 •
　ハ　　ス　　　　　　　　　　　　Ⅱ Ⅲ　ス

　曲の冒頭部分（前弾）です。同じ音の繰り返しが多いので、口三味線でうたって数を覚えてから弾くとよいでしょう。冒頭は「フヨイ」というかけ声をかけて、「イ」のタイミングでバチをあげます。かけ声をかける時に、どんなテンポで弾くかを思い描き、そのテンポにそったかけ声をかけてみてください。最初のⅢの「1」の音は、「ひふみよいむなやひふみよいむなや」と数えてみてもよいでしょう。2度目の「な（7）」がⅢの開放弦です。5小節目のⅠの開放弦と、7小節目のⅡの開放弦はしっかりと弾き、付点のリズムを生かす弾き方をしましょう。8小節目の最後でテンポを少しゆるめ、9小節目からテンポを速くするよう楽譜には指示がされています。テンポをゆるめることを「シメル」と言い、テンポを早めることを「ノル」と言います。最初のうちは、あまりテンポの変化をつけずにゆっくりと弾くのも、のどかな雰囲気が出てよいのではないかと思います。慣れてきたら、ノリ（テンポ）の変化をつけてみましょう。スクイは右手の力を抜いてやわらかい音で弾くように心がけてください。最後は唄を導くつもりで弾きましょう。

❖コラム　歌舞伎舞踊の変遷と鑑賞用長唄

　長唄は、18世紀中ごろに歌舞伎舞踊の伴奏音楽として成立しました。現在、古典曲として長唄の基本的なレパートリーとなっているのは、明治前半（20世紀初頭）までに作曲された作品です。現在でも歌舞伎でしばしば上演されるものもあれば、現在は歌舞伎での上演よりも、日本舞踊として踊られたり、演奏会で音楽作品として演奏されたりするのが主流という曲もあります。

　長唄の初期の作品は、歌舞伎の女方役者の舞踊のために作られたものが中心で、三下り曲が多いのが特徴です。現在でもよく演奏される曲としては、《京鹿子娘道成寺》、《英執着獅子》、《吉原雀》、《二人椀久》などがあります。

　その後、歌舞伎では、1人の役者がさまざまな役を演じ分ける変化舞踊が流行します。例えば五変化であれば、5曲を連続で踊り、曲ごとに異なる役に扮します。変化舞踊の流行により生まれた長唄曲は数が多く、三味線の調子（調弦法）も踊られる役柄もさまざまです。変化舞踊の曲として生まれた長唄曲には、《越後獅子》、《藤娘》、《供奴》、《小鍛冶》、《五郎時致》などがあります。現在の歌舞伎では変化舞踊の演出は行われなくなったので、歌舞伎でこれらの作品が上演されることはあまり多くありませんが、長唄の演奏会では頻繁に演奏され、また日本舞踊の重要なレパートリーでもあります。

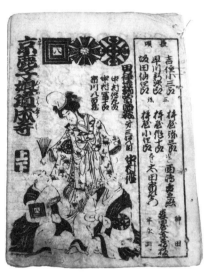

《京鹿子娘道成寺》の長唄正本
（国立劇場所蔵）

　19世紀になると、歌舞伎の場を離れて、大名や商人が自宅や料亭などに演奏家を招いて演奏をさせることも行われ、そのような場で演奏される長唄曲も作られるようになりました。このような作品は、歌舞伎舞踊のための長唄曲と区別するために、鑑賞用長唄と呼ぶことがあります。舞踊作品の歌詞は踊り手が扮する役柄と関わる内容が中心で、音楽も舞踊形式に則して作曲されますが、鑑賞用長唄はこのような制約がなく、より自由で創意工夫に富んだ作品が多いのが特徴です。季節の情景を描いた《秋の色種》、江戸の名所を詠みこんだ《吾妻八景》、格調高い能の作品を模倣した《鶴亀》や《紀州道成寺》、物語性の強い《綱館》や《靱猿》など、さまざまな曲が生まれました。1曲の中で頻繁に三味線の調子を変える曲や、上調子と呼ばれる音域の高い旋律を担当するパートを加えた曲も多くあります。

　本書で取り上げた曲は、演奏会での上演機会が多く、CD等も発売されているものを中心に選びましたので、三味線を弾くだけでなく、歌舞伎や演奏会に足を運んだり、録音を聴いたりして、長唄を楽しんでください。

29. 三下がりに調弦してみよう

　今度は三下りのフレーズを弾いてみましょう。本調子のⅢを全音低くした調子が三下りです。Ⅲの開放弦は、Ⅱの開放弦の完全4度上に合わせます。高さを確認したい時には、Ⅱの「4」の勘所を押さえて、高さが同じになっているか確認してみてください。三下りの開放弦の音程関係を譜例8に示します。

　調子をあわせたら、開放弦を弾いてみましょう。本調子や二上りの時と同じように、「テーンテーンテーン」「トーントーントーン」「ドーンドーンドーン」と弾いてみてください。本調子と二上りでは、ⅠとⅢの開放弦はオクターブの関係でしたが、三下りの開放弦にはオクターブがありません。そのため、落ち着いた響きがするのが三下りの特徴です。この特徴を生かして、寂しげな心情、古風な雰囲気などを出したい時に三下りがよく用いられます。初期の長唄曲は三下りで弾くものが多く、古風な雰囲気はそのような長唄の歴史とも関係しているのかもしれません。

　三下りでは、ⅠとⅡ、ⅡとⅢの開放弦の音程がどちらも完全4度です。ⅠとⅡの音程と、ⅡとⅢの音程が同じになっているか、確認してみましょう。もし調子があっていないと感じたら、三味線を構えたままで、糸巻に左手をもっていき、バチで音を出して確認しながら調子をあわせてみましょう（写真35）。バチで音を確認する時には、何度も弾くのではなく、1回だけしっかりと弾き、音の余韻を聞きながら糸巻を動かすのがよいでしょう。

譜例8　三下りの音程（3本に合わせた場合）　　**写真35　三味線を構えて調弦する**

　調子が合ったら、本調子や二上りの時と同じように、**基本フレーズ1**から**基本フレーズ5**を弾いて、三下りの開放弦の音程関係に慣れましょう。

30. 三下りの特徴的な手の動きを覚えよう（1）

　三下りの場合、文化譜の勘所で作られる音高は、ⅠとⅡは本調子と共通です。Ⅲの糸に関して、文化譜と小十郎譜の対照表を表4に示します。

表4 文化譜と小十郎譜で使用される数字と音高の関係（三下りのⅢの主要な勘所）

文化譜	0	1	2	3	4	5	6	7	8	9	10
小十郎譜	6	♭7	7	1・	2・	♭3・	3・	4・	♯4・	5・	6・
西洋音名	ラ	♭シ	シ	ド	レ	♭ミ	ミ	ファ	♯ファ	ソ	ラ

　Ⅲの開放弦の音高が変化したことにより、それぞれの弦で重要な勘所の場所も本調子や二上りとは違ってきます。三下りで重要な勘所を図6に示します。58ページで示した本調子や二上りの重要な勘所と比べてみると、三下りの手の動きの特徴がわかるでしょう。

図6 三下りの重要な勘所

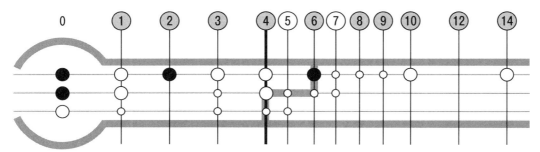

　三下りの旋律の多くは、Ⅲの「2」の勘所とⅡの「1」の勘所の間の手の動きが核になっています。Ⅲの「2」の勘所は人差し指で押さえます。半音上の勘所「3」を奏する時には、薬指を用い、人差し指は「2」を押さえたままにします。

基本フレーズ42　｜テン チン｜チン チン｜テン ツン｜トーン｜
　　　　　　　　　Ⅲ0 2   3 2   0   Ⅱ1   0
　　　　　　　　　　　人 薬 人

　基本フレーズ42に、「6」から「3」まで薬指を使って上方に移動する動きが挿入されることもあります。薬指で棹を移動するこの動きは、三下りの特徴です。

基本フレーズ43　｜テン チン｜チーン｜チン チン｜チン テン｜ツーン｜トーン｜
　　　　　　　　　Ⅲ0 2   3   6 3   2   0   Ⅱ1   0
　　　　　　　　　　　人 薬   人

基本フレーズは、同じ音を繰り返したり、リズムを変えたり、途中に開放弦を挿入することで、少しずつ違う旋律として曲中に現れます。**応用フレーズ42-1**の2〜3小節目や4〜5小節目のように、三味線が長く音を伸ばしている時は、唄が節を動かしています。「ヨーイ」と心の中で唱えて、間をしっかりと取るようにしましょう。

応用フレーズ 42 - 1 　|テン チン|チーン|● チン|チーン|● チン|チーン|
　　　　　　　　　　　Ⅲ0　2　 3　　　　 3　 3　　　　 3　 3
　　　　　　　　　　　 人　 薬

　　　　　　　　　　|チン ツン|ドン チン|チーン|ツン ツン|●ツン|トーン|
　　　　　　　　　　 Ⅲ2　Ⅱ4　Ⅰ0　Ⅲ3　 2　　 Ⅱ1　1　 1　　0
　　　　　　　　　　 人　　　　　　 薬　 人

《京鹿子娘道成寺》「初夜の鐘を搗く時は」

応用フレーズ 42 - 2 　|テン チン|チーン|● チン|チーン|● チン|チーン|
　　　　　　　　　　　Ⅲ0　2　 3　　　　 3　 3　　　　 3　 3
　　　　　　　　　　　 人　 薬

|チン チン|テン ツン|テン チン|チーン|チーン|ツン ツン|●ツン|トーン|
Ⅲ3　2　 0　 Ⅱ1　 Ⅲ0　2　 3　　　 2　　 Ⅱ1　1　 1　　0
 薬　 人　　　　　　　　　　 薬　　 人

《京鹿子娘道成寺》「何人に見しょとて紅鉄漿つきょぞ」

応用フレーズ 42 - 3 　|チーン|● チン|チーン|● チン|チーン|チン ツン|
　　　　　　　　　　　Ⅲ3　 3　 3　　　　 3　 3　　　 2　 Ⅱ4
　　　　　　　　　　　 薬　　　　　　　　　　　　　　　 人

　　　　　　　　　　|ドン チン|チーン|ツン ツン|● ツン|トーン|
　　　　　　　　　　 Ⅰ0　Ⅲ3　 2　　 Ⅱ1　1　　 1　　0
　　　　　　　　　　　　 薬　 人

《越後獅子》「小千谷縮のどこやらが」

応用フレーズ 43 　　|チン リン|チン リン|チン チン|チン チン|
　　　　　　　　　　Ⅲ3　2ハ　 3　 2ハ　 3　 6　 3　 2
　　　　　　　　　　 薬　 人　 薬　 人　 薬　　　　 人

　　　　　　　　　　|テン チン|チン テン|ツーン|ツン トン|
　　　　　　　　　　 Ⅲ0　2　 3　 0　 Ⅱ1　　 1　 0
　　　　　　　　　　 人　 薬　 人

《越後獅子》「浮世をわたる風雅者」

　「3」を薬指で押さえる時には、同時に「2」の勘所を人差し指で押さえておきます。「3」の音を弾いた後に薬指で糸をはじくと、「2」のハジキになります。

31. 三下りの特徴的な手の動きを覚えよう（2）

　三下りはⅡとⅢの開放弦の音程関係が二上りと同じです。従って、**応用フレーズ15 - 3**（人差し指で高音弦を押さえ、中指で低音弦を押さえる）が、二上りと同様にⅡとⅢの間で出現します。出現頻度がもっとも高いのは、人差し指でⅢの「6」を、中指でⅡの「7」を押さえる場合です。

基本フレーズ44　｜チン　ツン｜チーン・ツ｜ツン テン｜チン ツン｜トーン｜
　　　　　　　　　Ⅲ6　 Ⅱ7　Ⅲ6　Ⅱ7 6　Ⅲ0　2　Ⅱ1　0
　　　　　　　　　人　 中　 人　 中 人

実際の曲の中に出てくる旋律を弾いてみましょう。

応用フレーズ44 - 1　｜ドン チン｜チン チン｜チーン・ツ｜ツン テン｜チーン｜
　　　　　　　　　　　 Ⅰ0 Ⅲ4　6 7　6　Ⅱ7 6　Ⅲ0 2　2
　　　　　　　　　　　 　 人　 中　 人　 中 人

　　　　　　　　　　｜チン チン｜チーン｜チン チン｜テン レン｜● レン｜レーン｜
　　　　　　　　　　 Ⅲ6 3　2　3 2　0　 ハ　 ハ ハ
　　　　　　　　　　 薬　 人　 薬 人

　　　　　　　　　　　　　　　　　　　　　　　　　　　　　《鷺娘》「実に誠と思はんせ」

応用フレーズ44 - 2
｜● チ｜チン チ チ｜ツン ツ テ｜ツーン｜ツーン・テ チン｜ツーン・テ｜チャン｜
 Ⅲ4　6　 8 6　Ⅱ7 6 Ⅲ0　Ⅱ4　 1　 Ⅲ0 2　 Ⅱ1　 Ⅲ0 Ⅱ0 Ⅲ2
 人　 薬 人　 中 人

　　　　　　　　　　　　　　　　　　　　　　　《京鹿子娘道成寺》「かわゆらしさの花娘」

応用フレーズ44 - 3　｜● チ チ｜チ ツ チーン・ツ｜ツン ● チ｜チン ● チ｜チーン｜
　　　　　　　　　　　 Ⅲ7 7　6 Ⅱ7 Ⅲ6　Ⅱ7 6　 Ⅱ3　2　 3 2　2
　　　　　　　　　　　 中　 人 中 人　 中 人　 薬 人　 薬 人

　　　　　　　　　　　　　　　　　　　　　　　　《越後獅子》「縁を結べば兄やさん」

応用フレーズ44 - 4
｜チ チ ツン｜チン チン｜チン チ リ｜リン チン｜チ リ チ ツ｜ツン チン チ リ｜ツン｜ツン ツン｜
 Ⅲ9 6 Ⅱ7　Ⅲ6 8　9　9 ス 8 ハ 9　6 ハ 6 7　7　 Ⅱ6 8 6 ハ Ⅱ7　6　4
 中 人 中　 人　 中　 人 中　 人　 中　 人 薬 人　 中 人

　　　　　　　　　　　　　　　　　　　　　　　　　《鷺娘》「あるひは叫喚大叫喚」

　応用フレーズ44 - 4の3小節目と5小節目では細かいリズムが使われているため、他の小節では「チ」と口三味線で言っている長さの音を「チン」と言います。口三味線の下にある線の数で音の長さを確認しましょう。

三下りのもう1つの特徴的な旋律は、Ⅲの「1」の勘所とⅡの「3」の勘所を核にして作られます。

　　基本フレーズ45a　｜チン テン｜ツーン｜ツン テン｜チーン｜
　　　　　　　　　　　　Ⅲ1 0　　Ⅱ3　　 3 Ⅲ0　　 1
　　　　　　　　　　　　人

　このフレーズは、その後、Ⅲの継ぎ目の勘所「4」を人差し指で押さえ、Ⅱの「5」の勘所を中指で押さえる手の動きに続くことが多いです。

　　基本フレーズ45b　｜チン ツン｜チーン｜チン チン｜ツーン｜
　　　　　　　　　　　　Ⅲ4 Ⅱ5　Ⅲ4　　 6 4　　 Ⅱ5
　　　　　　　　　　　　人　中　　人　　　薬 人　　 中

　実際の曲の中に出てくる旋律を弾いてみましょう。

　　応用フレーズ45－1　｜● チ｜テン トン｜ツーン｜テン チ チ｜テーン｜テ ツ ツ テ｜
　　　　　　　　　　　　　Ⅲ1 0　Ⅱ0　 3　　Ⅲ0 1 4 0　　　　　0 Ⅱ3 6 Ⅲ0
　　　　　　　　　　　　　人

　　　　　　　　　　　｜● ツ ツ チ｜チ チ チ ツ｜テ ツ テン｜トーン｜
　　　　　　　　　　　　Ⅱ5 5 Ⅲ4　 6 4 6 Ⅱ5　Ⅲ0 Ⅱ3 Ⅲ0　Ⅱ0
　　　　　　　　　　　　中　　人 薬 人 薬 中　　人

　　　　　　　　　　　　　　　　　　　　　　　《京鹿子娘道成寺》「鐘にうらみは数々ござる」

　　応用フレーズ45－2　｜チン テン｜チーン｜● チン｜チーン｜チン チン｜チン ツン｜
　　　　　　　　　　　　　Ⅲ1 0　　 1　　　 1　　 1　　 1 4　　 6　Ⅱ5
　　　　　　　　　　　　　人　　　　　　　　　　　　　　　　薬　　中

　　　　　　　　　　　｜ツン テン｜ツン テン｜チン リン｜レン ツン｜テーン｜トーン｜
　　　　　　　　　　　　Ⅱ5 Ⅲ0　 Ⅱ3 Ⅲ0　 1　ス　　0 ハ　Ⅱ3　Ⅲ0　Ⅱ0
　　　　　　　　　　　　中　　　　　人

　　　　　　　　　　　　　　　　　　　　　　　　　《鷺娘》「吹けども傘に雪もって」

　　応用フレーズ45－3　｜ツーン・ツ｜ツーン・ツ｜ツン チ チ｜ツーン・テ｜
　　　　　　　　　　　　　Ⅱ4　　 5　　 5　　5 5　Ⅲ0　　Ⅲ0
　　　　　　　　　　　　　人　　　中　　　　5 5 6 4　薬 人　中

　　　　　　　　　　　｜ツーン・テ｜チ レ チ ツ｜テ ツ テン｜トーン｜
　　　　　　　　　　　　Ⅱ3　　　Ⅲ0 1 0 ハ 4　Ⅱ5 Ⅲ0 Ⅱ3 Ⅲ0　Ⅱ0
　　　　　　　　　　　　人　　　　　　　　　中　　人

　　　　　　　　　　　　　　　　　　　　　　　《越後獅子》「牡丹は持たねど越後の獅子は」

32. 三下りの特徴的な手の動きを覚えよう（3）

　三下りの段切とオトシを弾いてみましょう。三下りの段切は最後の音がⅢの開放弦で終わるものと、Ⅱの開放弦で終わるものの2種類があります。

応用フレーズ31−2（三下りの段切①）

｜チン テン｜ツ チ チ リ｜チ テン ツ｜テン トン｜ツン チャン｜
　Ⅲ1　0　　Ⅱ5Ⅲ46　ハ　6　0　Ⅲ3　　Ⅲ0　Ⅱ0　　3　Ⅱ4Ⅲ0
　　人　　　　　中　人

｜ト ト チ チ｜チ リ リン ツン チン｜テーン｜ツーン｜ツーン｜チャン｜
　Ⅱ0 0 Ⅲ47　6 ハ ハ　　Ⅱ5 Ⅲ4　0　　Ⅱ3　　3　　Ⅱ0Ⅲ0
　　人 中　人　　　　　中　人

《鷺娘》「語るも涙なりけらし」

応用フレーズ31−3（三下りの段切②）

｜ツーン｜テン チン｜チーン｜チャン チ チ｜チ テ ツ ツ｜トン チ リ｜トーン｜
　Ⅱ1　　Ⅲ0　2　　3　　Ⅱ0Ⅲ2 6 3　2 0 Ⅱ1 4　0　Ⅲ2 ハ　Ⅱ0
　　人　　　　　　　　薬　　　人 薬　人

｜ツーン｜ツーン｜シャン｜
　Ⅰ3　　3　　Ⅰ0Ⅱ0
　　人

《雛鶴三番叟》「万歳楽こそめでたけれ」

応用フレーズ32−2（三下りのオトシ）

｜テン チン｜チン チン｜チン テン｜ツーン｜● テ ツ｜トン ツン｜ツン テン｜
　Ⅲ0　2　3　2　　3　0　Ⅱ1　　Ⅲ0Ⅰ1　Ⅱ0　Ⅰ3　4　Ⅱ0
　　人　薬　人　薬　　　　人

｜● チン｜ツーン｜ツン ツン｜トーン｜
　Ⅲ2　Ⅱ1　1　4　0
　　人

《娘道成寺》「さはらば落ちん風情なり」

33. 実際の長唄曲の一部を演奏してみよう（４）

曲例 13 《鷺娘》「須磨の浦辺で水汲むよりも〜しやほんにえ」

　長唄では、曲の中で同じ旋律を１番、２番と繰り返すことは通常ありません。けれども「返し唄」と呼ばれる部分では、歌詞をかえて同じ旋律が２度うたわれます。返し唄は旋律が覚えやすいので、三味線の旋律にあわせてうたいながら弾いてみてもよいでしょう。この曲例では、**基本フレーズ45−2**が中心になって旋律が展開しています。１段目の４〜５小節、１段目の最後の小節から２段目の最初の小節のように、長く伸ばす音と休符の連続する時には、「ヨーイ」と掛け声をかけて間を確認しましょう。

	チン		チン	チン	チン						チン	チン	チン		
	ツン	ツン				ツーン		ツン	ツン					ツーン	
				●											
4	5	5	4	6	4	5	●	5	5	4	6	4	5	
人	中		人	薬	人	中		の	オ	う	ら	ア	ベ	
					す	ま	の			は	か		エ	
					しゅ	すゥ		オ					ま	ァ

●	テン			テン	チン	レン	チン		テン		テーン			
		ツーン							ツン		ツン		トーン	
			●											
●	0	3	●	0	1	0	4	5	0	3	0		0	
で	人		し	お	だ		は	中	人		りィ		もも	
の	エ		ひ		く	む	よ			りィ		も	
	ォ				と	る			よ					

●	チン		チン	チン	チン	チン	チン		テーン		トン	ロン		トン
		ツーン						ツン						
													●	
●	4	5	4	6	7	6	4	5	0		0	0	●	0
	人	中	人		中	人		中				ス		
	き	み	の		オ	こ	こ	オ	ろ	オ	わ		が	
	ぬ	し	の		オ	こ	こ	オ	ろ	ろ				

ツン	ツン	ツーン		チン	チン		チン		●	テ ツ	テン		テン ツル		ツル
							ツン					ツン		ドン	ドン
3	4	5	4	6	5	6	●	0 1	0	3	0	4 4	0	4 4
人	中		人	薬	中	薬		人		とと	わわ	ス		ス
く	み		に	く	い		さり	り	と	わわ			
と	り		に	く		さり	り	と					

曲例14 《京鹿子娘道成寺》「梅とさんさん桜は〜花の色え」

　歌舞伎舞踊では、道成寺の僧侶たちが踊る場面の音楽です。この曲例も返し唄になっています。冒頭は**基本フレーズ43**にもとづく旋律です。中間部分は隣り合った弦を人差し指と中指で押さえるフレーズが、さまざまな勘所で出てきます。三下りのⅠとⅡ、ⅡとⅢの両方が完全4度の音程であることを利用した旋律のつくりになっています。「花のいろえ」の後の合の手は、ⅠやⅡが多用されています。バチを持つ手の力を抜いて、音がよく響くように気をつけて弾きましょう。

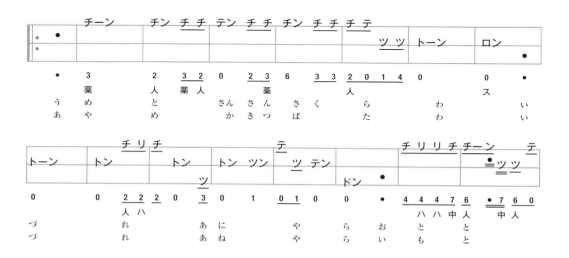

72　33. 実際の長唄曲の一部を演奏してみよう（4）

33. 実際の長唄曲の一部を演奏してみよう（4）

曲例15 《越後獅子》「己が姿を花と見て〜こんこまやかに」

```
        テ ツ ルン テ  ツルン ツ  ツーン        チ リン チ            チ リン チ
ツ ルン              打                              ツーン              ツン ツ ツ
3 3    0 1 1    0 4 4 6 4 6      8 8 6 7        8 8 6 7 6 4
人 ス    ス      ス 薬 人          薬 ス 人 中      薬 ス 人 中 人
  お の が す が た を は な と み て      に わ に          さ い た り

        チ チ チ テ      テ チ チン チン チ チ テン テ    テ チ チン チ チ テ
        ツン トン ツ                              ツ                    ツ
ドン              ●
0    6 3 2 0 1    1    0 ● 1 0 2 3    6    3 2 0    0 1 0 2 3    3 2 0 1
    薬 人              薬              人              薬 人
  さ か ァ せ た    り    そ こ の お け さ に      い な こ と ォ い わ ァ

        チ チ リ チ チ チ チ テ チ チ テ              テン チン チン チリ
トン ● ト                        ツン (ヨイ) テ ツ
0    0 3 3 2 3 6 3 2 0 2 3 0    1    ● 3 0 1    0    2 3 3 3
    薬 ハ 人        薬 人                              薬 ス
  れ ね ま り ね ま ら ず ま ち あ か す    ご ざ れ は な し ま しょ ぞ こん こ ま

リ チ テン      テ          テ                    テン ●
        ツ テ      テ    ト ト ト      ツン ツ ツ    ドン ド ツ    (イヤ)
2 3 0    1 0 3    3    0 3 0 0 1 0    0    0 3 0    ●
薬ハ      人
つ の か げ で    ま つ の は の よ に こん こ ま や か に
```

プッチーニのオペラ《蝶々夫人》の中に、旋律が引用されていることで有名な部分です。三下りでは、Ⅲの開放弦とⅡの継ぎ目の勘所「4」が同じ高さの音ですが、この2つの音を混同しないよう、口三味線でしっかりと覚えるようにしましょう。唄は早口でどんどんと歌詞をうたっていきますので、うたいやすいテンポで唄を支えるように弾きましょう。自分で弾く時にも、言葉を一緒に言ってみるとよいでしょう。1段目の3小節目でⅡの「6」の勘所を薬指で打ちますが、次の小節では人差し指で「6」を押さえて奏します。そうすることで、その次の小節の「8」の勘所を薬指ですぐに押さえることができます。4段目の最初の小節は、通常よりも拍が1つ多くなっています。

34. 合奏にチャレンジ

　本書での三味線学習の仕上げとして、合奏にチャレンジしましょう。長唄の三味線は同じ旋律を全員が一緒に弾くのが基本ですが、主旋律を演奏する「本手」に対して、装飾的な旋律である「替手」を加えることがあります。特に、「合方」と呼ばれる楽器だけの演奏部分では、「替手」がしばしば加わります。もしこの本で一緒に三味線を学習している人がいれば、2つのグループに分かれて演奏してみましょう。一人で楽器を練習していて合奏が難しい場合には、本手が弾けるようになったら録音して、それにあわせて替手を弾いてみましょう。

　合奏の時には、自分の弾く旋律だけでなく、相手の旋律も聞くように心がけましょう。交互に弾く部分、1オクターブ音域を変えて弾く部分、まったく異なる2つの旋律が絡み合う部分など、2つの旋律の関係にもさまざまなパターンがあります。

　曲は《小鍛冶》の「拍子の合方」です。これまでにすでに応用フレーズとして紹介した部分が多数含まれています（応用フレーズ 16-5、18-3、22-1、25-1、26-6）。また合方の後半は、曲例9 で紹介していますので、本手のほとんどの部分はすでに弾ける旋律です。本手で難しいのは7～10小節目です。ウチやスリ、スクイやハジキが組み合わされているので、口三味線でうたって手の動きを確認しましょう。

　この合方の冒頭では、「本手」と「替手」の旋律の絡み方の代表的なパターンが組み合わされて使われています。1～3小節目冒頭までは「本手と替手の交互の演奏」です。相手の弾くテンポ感（ノリ）をうまく受け取って演奏しましょう。3～6小節目は「本手と替手による同じ旋律の演奏」です。ここで本手と替手が揃うと、その前後との違いが際立ちます。7～10小節目は「替手による短い定旋律（地）の繰り返し」です。11～14小節目は「本手と替手による異なる旋律の組み合わせ」で、替手は本手の旋律の骨組みの音を1オクターブ低い音域で演奏しています。これ以降も、これら4つの旋律の絡み方が応用されて、本手と替手が合奏されています。

写真 36　本手と替手に分かれての合奏

曲例16 《小鍛冶》③ 「拍子の合方」

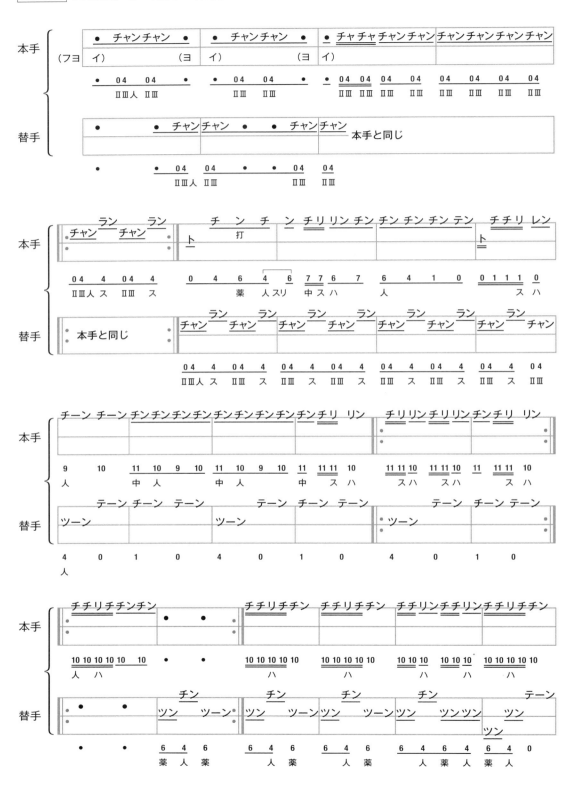

76　34. 合奏にチャレンジ

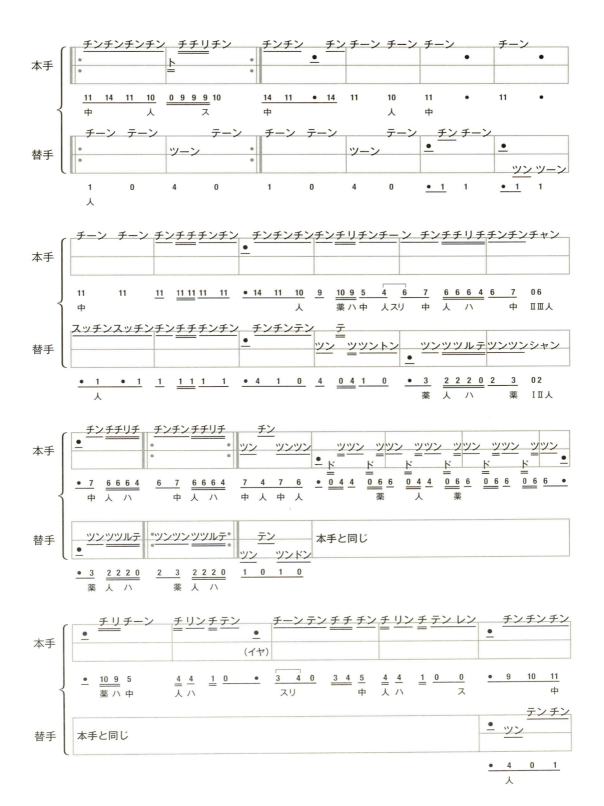

34. 合奏にチャレンジ

本手
替手
チチリチチーン チチリンチチリン チチリチチンチン チリチン チリチリリン
(ヤ)
テテレ テーン ツ テテレンテテレン テテレテテンテン チーン テーン チーン テーン
本手
替手
チリチリチリチリ チリチリチリチリ チリチリチリチリ チーン ツンツン チチリチン
(ヨイ)
チーン テーン ツーン テーン チーン テーン ツンツントン 本手と同じ
本手
替手
チリンチテン チーンテンチチチン チリンチテンレン チンチンチン チンチリチンテン
(イヤ)
本手と同じ
トンツンツン トンツレ ツンドン
本手
替手
チチリチチンチン チリチリチンテン テン ツルツル ツルツン テン テーン ツルツル
(ヨイ)
トトロトツンツン トロツレ ツンドン チリチリチンチリ チンチリチンチリ チンチリチンチリ

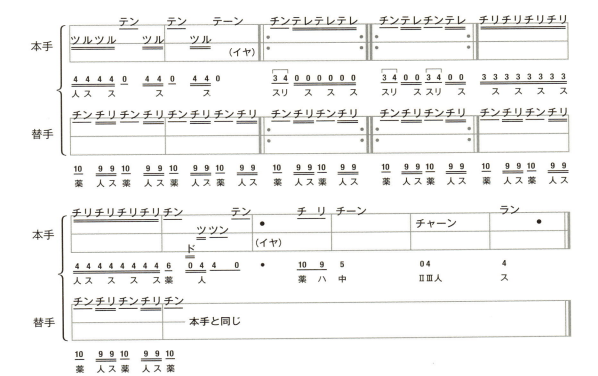

34. 合奏にチャレンジ

35. 三味線の糸を替えてみよう

　三味線の糸は消耗品です。弾いているうちに糸が切れたり、糸の一部分が擦れて弱くなったり、音が悪くなったりしたら、糸を取り替えましょう。Ⅰが切れることは滅多にありませんが、Ⅲは糸が細いので比較的頻繁に取り替える必要があります。糸は絹糸と化学繊維の糸があります。絹糸は消耗が早く切れやすいけれども、音の伸びがよく、糸を押さえる左手の負担も少ないのが利点です。糸は邦楽器店で購入できます。自分の地域の邦楽器店を探してみてください。インターネットで注文を受け付ける邦楽器店もあります。長唄三味線用の糸を購入しましょう。

糸が切れた場合の取り替え方
（１）駒を外す
　糸を取り替える時には、まず駒を外します。
（２）根尾に残っている糸を外す（写真37）
　糸を動かすと結び目がゆるんで簡単に外れます。
（３）糸巻に残っている糸を外す（写真38）
　糸巻に左手をかけて、糸の先端を引っ張ります。
　糸を伸ばしていき、糸の先が根尾より数センチ先の位置にあっても、まだ糸巻に糸が巻き付いている状態であれば、その糸を使用できます。（５）を参考に糸の先端を根尾に結びましょう。
　糸を伸ばしてみて、長さが足りない場合には、糸巻から糸を完全に外します。
（４）糸の先端を根尾に通す（写真39）
　新しい糸を出して、和紙を外し、銀色のついている側を根尾に通します。
　糸を曲げたり折ったりしないように気をつけましょう。

写真37　糸を外す（根尾）　写真38　糸を外す（糸巻）　　　　　　写真39　糸を根尾に通す

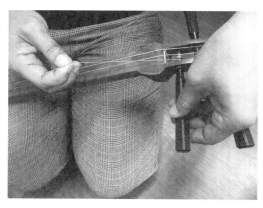

（5）糸の先端を根尾にとめる

　棹の側から糸を通し、先端で輪を作ります（写真40）。

　右手の親指が下に来るように輪を折り返して、根尾にかけます（写真41）。

　棹の側から糸を引っ張ります（写真42）。

写真40　輪を作る　　　　写真41　輪を根尾にかける　　　写真42　糸を引っ張る

  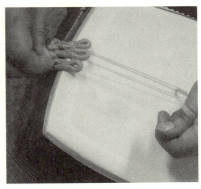

（6）糸巻に糸を巻く

　巻いてある糸を伸ばしていき、先端を糸巻の小さな穴に通します（写真43）。

　糸の先端1cmほどを穴から出し、その上に糸を巻いていきます（写真44）。

　棹の上で3本の糸の間隔が均等になるように、糸巻に巻いた糸が端に寄りすぎないように気を付けながら、糸がピンと張るくらいまで糸巻を巻きます。

（7）糸を伸ばす

　左手を糸巻にかけ、右手の親指に力を入れて糸を伸ばしていきます（写真45）。

　糸巻側から始めて、根尾の近くまで、右手の親指を何度か移動させて、糸を伸ばしましょう。

写真43　糸を穴に通す　　　写真44　糸を巻く　　　写真45　糸を伸ばす

　これで糸の取り替えができました。糸が切れる前に、糸の一部が擦れて弱くなっている場合には、糸を繰ります。根尾にかかっている糸を外して、右手で糸を引っ張りながら、糸巻を緩めて、糸の先端を先ほどより10cmほど長く根尾の輪の先に出して、糸を根尾に止めます。こうすることで、1本の糸を大切に使うことができます。

35. 三味線の糸を替えてみよう　　81

本書で扱った長唄曲一覧（曲名の五十音順）

《越後獅子》（えちごじし）
　文化8年（1811）に江戸の中村座で初演された七変化舞踊「遅櫻手爾葉七文字」の中の1曲。越後出身の角兵衛獅子を演じる芸能者を主人公とし、越後の名物が読み込まれた曲。地歌の《越後獅子》と《晒》の旋律が引用されて用いられている。九代目杵屋六左衛門作曲。全曲三下り。

《鏡獅子》（かがみじし）
　明治26年（1893）に東京歌舞伎座で初演された舞踊曲。前半は《枕獅子》という古い長唄曲にもとづく女方舞踊、後半は豪快な獅子の舞踊を見せる構成で、歌舞伎舞踊の代表曲のひとつ。三世杵屋正治郎作曲。全曲を演奏すると50分近くかかる大曲で調子替えも多い。

《勧進帳》（かんじんちょう）
　天保11年（1840）に江戸の河原崎座で初演された、能の《安宅》を題材とした歌舞伎劇の音楽伴奏部分を曲としてまとめたもの。四世杵屋六三郎作曲。「滝流しの合方」は後に三世杵屋正治郎によって加えられた。本調子－二上り－本調子。

《京鹿子娘道成寺》（きょうがのこむすめどうじょうじ）
　宝暦3年（1753）に江戸の中村座で初演された女方の歌舞伎舞踊曲。能の《道成寺》の物語を題材にしている。当時の流行歌が取り入れられ、また地歌からの影響も見られる曲で、原型は上方（京都）で作られた曲と思われる。初世杵屋弥三郎作曲。三下り－二上り－三下り。

《鞍馬山》（くらまやま）
　安政3年（1856）に江戸市村座で初演された長唄舞踊曲。鞍馬山で牛若丸と烏天狗が立ち回りをする場面のために用いられた。冒頭の鞍馬山の描写をはじめとして、大薩摩節の旋律を用いた物語風の曲である。二世杵屋勝三郎作曲。全曲本調子。

《元禄風花見踊》（げんろくふうはなみおどり）
　明治11年（1878）に東京の新富座の開場式で初演された長唄舞踊曲。元禄時代の花見の様子を思い描いた曲。前弾や長い合方があり、三味線の聴かせどころも多い。三世杵屋正治郎作曲。全曲二上り。

《小鍛冶》（こかじ）
　天保3年（1832）に江戸の市村座で上演された五変化舞踊「姿花后雛形」の中の1曲。三条宗近が稲荷明神の助けを得て名刀を作ったという能の《小鍛冶》の物語を題材にしている。初世杵屋勝五郎作曲。全曲本調子。

《五郎時致》（ごろうときむね）
　天保12年（1841）に江戸の中村座で初演された九変化舞踊「八重九重花姿絵」の中の1曲。曽我五郎が廓に通う様子を描いた曲で、別名《雨の五郎》とも呼ばれる。十代目杵屋六左衛門作曲。本調子－二上り。

《鷺娘》（さぎむすめ）

　宝暦12年（1762）に江戸の市村座で初演された五変化舞踊「柳雛諸鳥嚔」の中の1曲。白無垢の娘姿の鷺の精を主人公とした舞踊で、曲の後半では地獄の責め苦を受ける様子が踊られる。初世富士田吉治・杵屋忠次郎作曲。明治になって三世杵屋正治郎が補作した。全曲三下り。

《新曲浦島》（しんきょく　うらしま）

　明治39年（1906）に文芸協会発会式で初演された。坪内逍遥が提唱した「新楽劇論」との関連の中で生まれた曲で、広大な大海原の様子を描いている。坪内逍遥作詞、十三代目杵屋六左衛門・五世杵屋勘五郎作曲。調子替わりが多く、途中で「六下り」という特殊な調弦も用いられる。

《末広狩》（すえひろがり）

　安政元年（1854）に江戸の中村座で初演された歌舞伎舞踊曲。狂言の《末広がり》を題材にしている。十代目杵屋六左衛門作曲。全曲本調子。

《鶴亀》（つるかめ）

　嘉永4年（1851）に盛岡藩主南部侯の江戸の屋敷で初演された鑑賞用長唄曲。歌詞の大半は能《鶴亀》からの借用で、音楽的にも謡曲の様式を意識して作曲されている。十代目杵屋六左衛門作曲。本調子－二上り－本調子。

《雛鶴三番叟》（ひなづるさんばそう）

　宝暦5年（1755）作曲と伝えられているが作曲者や初演場所等は不明。三番叟をテーマにした長唄曲は多いが、その中でもっとも初期のもの。全曲三下り。

《松の緑》（まつのみどり）

　嘉永7年（安政元年、1854）ごろに杵屋六翁（四世杵屋六三郎）の娘の芸名披露のために作曲されたと言われる。若松から老松まで、松を主題にした曲。全曲本調子。

《都風流》（みやこふうりゅう）

　昭和22年（1947）に、長唄研精会第400回記念演奏会で初演された長唄曲。浅草や吉原近辺の初夏から冬までの様子を描いている。「虫の合方」「竹巣の合方」「雪の合方」などの描写的な合方を含む。久保田万太郎作詞、四世吉住小三郎・二世稀音家浄観作曲。三下り－本調子－二上り。

参考資料：長唄の楽譜

　本書でフレーズを覚えた曲を全曲弾いてみたい時や、曲を聞きながら楽譜を参照したい時には、市販の楽譜を購入してください。入手しやすい長唄の楽譜には、以下の3種類があります。邦楽器店等で購入することができます。本書で用いた楽譜の作成においても、これらの楽譜を参考にしました。本書で使用した勘所番号は『三味線文化譜』と共通です。

・四世杵家弥七原著、邦楽社編集部改訂『三味線文化譜』（東京：邦楽社）
・吉住小十郎編『長唄新稽古本（音譜解説附）』（東京：邦楽社）
・杵屋彌十郎（青柳茂三）編『唄譜、三絃譜付　研究稽古本』（東京：藤和出版部）

参考資料：長唄や歌舞伎についてもっと知りたい時には

　楽器が弾けるようになってきたら、曲の内容や音楽の仕組み、音楽の歴史などについて知ると、楽しみが広がります。参考文献を紹介します。

【書籍・雑誌（順不同）】

細谷朋子　『長唄の世界へようこそ：読んで味わう、長唄入門』（横浜：春風社、2014年）
　　　　　長唄の歌詞のおもしろさをわかりやすく教えてくれる本。冒頭には長唄の概説もあります。

国立劇場（企画・編集）；小島美子（監修）　『日本の伝統芸能講座　音楽』（京都：淡交社、2008年）
　　　　　日本の伝統音楽について種目別に特徴や歴史をくわしく解説した本。長唄についての章もあります。

日本音楽の教育と研究をつなぐ会（編著）；徳丸吉彦（監修）『唱歌で学ぶ日本音楽（DVD付き）』
（東京：音楽之友社、2019年）
　　　　　日本の楽器を習う時に使われる唱歌を通して、日本の伝統音楽を紹介した本。付属DVDには専門家による唱歌と演奏、子どもたちの学習場面が収録されている。長唄は《小鍛冶》の唄と三味線が取り上げられている。

小塩さとみ　『日本の音　日本の音楽（シリーズ音楽はともだち2）』（東京：アリス館、2015年）
　　　　　小学生高学年以上の読者を対象に、絵画資料や写真を使って日本の音と音楽を紹介した本。

配川美加　『歌舞伎の音楽・音』（東京：音楽之友社、2016年）
　　　　　歌舞伎で使われる音楽と音についてくわしく説明した本。三味線を弾く時にも、歌舞伎を見に行く時にも、楽しみが広がる本です。

田中悠美子；配川美加；野川美穂子　『まるごと三味線の本』（東京：青弓社、2009年）
　　　　　さまざまな種類の三味線と三味線音楽を取り上げて、三味線の歴史から現在までを教えてくれる本。

群ようこ『三味線ざんまい（角川文庫）』（東京：角川書店、2008年）
　　　　　小唄の三味線の稽古を始めた著者の体験記。三味線を手にした時の驚きの数々と少しずつ上達していく楽しさがいきいきと描かれています。

『邦楽ジャーナル』（東京：（有）邦楽ジャーナル、1987年創刊）
　　　　　箏、尺八、三味線、太鼓などに関する月刊情報誌。コンサートやワークショップの案内、新刊書やCD等の紹介、邦楽に関する読み物などが掲載されています。邦楽器店等で扱っています。

【ウェブサイト】

「舞台芸術教材で学ぶ」、『文化デジタルライブラリー』 http://www2.ntj.jac.go.jp/dglib/

　　　　独立行政法人日本芸術文化振興会が運営するサイト。日本の伝統音楽に関してさまざまなジャンルが紹介されています。「歌舞伎」の中の「歌舞伎舞踊」の項目を見ると、長唄に関する紹介があります。

「演出と音楽」、『歌舞伎への誘い（ユネスコ無形文化遺産）』

http://www2.ntj.jac.go.jp/unesco/kabuki/jp/production/index.html

　　　　歌舞伎の演出や音楽の使い方について解説されているサイト。「音による表現」という部分で、歌舞伎で使われる音楽ジャンル（種目）や、柝やツケなど歌舞伎で使われる特徴的な音が紹介されています。

　インターネット上で公開されている長唄の演奏も多数あります。キーワードとして、「長唄　○○（曲名）」を入れて検索することで、見つけることができます。本書のフレーズがどこに出て来るかを聞いてみたり、それとよく似た旋律が出て来るかどうかを聞いたりして、長唄に親しむきっかけとしてみてください。同じ曲の演奏を聞き比べてみるのもおもしろいと思います。歌舞伎舞踊や日本舞踊の伴奏として長唄が演奏されている映像も、検索により見つけることができるでしょう。

楽器の購入について

　三味線はジャンルによってそれぞれの細部の作りが異なります。もし購入する場合には、長唄の三味線を購入しましょう。教育用の楽器だと5万円ぐらいから購入できます（2019年現在）。もし、近くに邦楽器店があれば相談してみましょう。楽器店によっては中古の楽器も扱っています。予算に余裕があれば、駒はプラスチック製ではなく、骨（コツ）のものを購入するとよいでしょう。最近は、インターネットでの楽器購入もたやすくなりました。中古品の場合には、皮の張り替えや修理が必要な場合もあります。

　自分の家に古い三味線があったり、使っていない三味線を知り合いから譲ってもらう場合もあるでしょう。その場合に、長唄の三味線でない時には、楽器のサイズ（棹の太さ）や音色に違いはありますが、代用品とわりきって、長唄の撥と駒を購入して、使ってみるのもよいと思います。

あとがき

　三味線という楽器に興味をもった方が、楽器の弾き方を覚えながら、三味線のために作られた曲にも慣れ親しんでもらえたらという思いで書き始めた本書ですが、紙面だけで音楽を伝えることの難しさを改めて実感しています。西洋の音楽に親しんでいる人であれば「五線譜で書いてあればもっと簡単にわかるのに」と思うこともあるでしょうし、楽譜を読むということに苦手意識をもっている人にとっては、口三味線や数字が並んでいるのを解読するのは大変な作業だったのではないかと思います。しかし、自分のペースでのんびりと理解したり、見返したりできるのが、本の良いところです。この本で覚えた三味線のフレーズを口ずさんだり、長唄の演奏会や歌舞伎に出かけてみたり（知っているフレーズがいくつか必ず聞こえてくるはずです）するなど、本書をきっかけとして、三味線音楽がみなさんにとって身近に感じられるようになれば幸いです。

　本書ができあがるまでには、多くの方々にお世話になりました。特に、三味線の手ほどきの時に口三味線の大切さを教えてくださった稀音家六綾先生、修士論文および博士論文を執筆する際に三味線の音組織や身体運動について多くの示唆を与えてくださった徳丸吉彦先生との出会いが本書の基盤となっています。また、勤務校である宮城教育大学で三味線の自主授業を受講している学生たちからも、本書の執筆に関して多くのヒントをもらいました。特に2017年度の受講生たちには本書で使用した写真の撮影にも協力いただきました。そして、企画段階から完成まで筆の遅い著者を辛抱強くサポートしてくださった音楽之友社出版部の藤川高志さんには、大変お世話になりました。この場を借りて、お世話になった皆様に心からの御礼を申し上げます。

　　　　　　　　　　　　　　　　　　　　　　　　　　　　　　　　小塩さとみ

[著者略歴]

小塩さとみ（おしお・さとみ）

国際基督教大学人文科学科卒業後、お茶の水女子大学大学院へ進学。博士課程満期退学。論文『長唄三下り由における旋律生成の仕組み』を提出し、お茶の水女子大学より博士（人文科学）取得。現在、宮城教育大学教授。
著書：『日本の音 日本の音楽（シリーズ音楽はともだち2）』（アリス館）、『民族音楽学12の視点』（共著、音楽之友社）、『現代日本社会における音楽』（共著、放送大学教育振興会）、『日本の伝統芸能講座　音楽』（共著、淡交社）などがある。

[音楽指導ブック]

フレーズで覚える三味線入門

2019年8月10日　第1刷発行

著　者	小塩さとみ
発行者	堀内久美雄
発行所	株式会社 音楽之友社
	〒162-8716　東京都新宿区神楽坂6-30
	電話　03(3235)2111（代）
	振替　00170-4-196250
	https://www.ongakunotomo.co.jp/
装　幀	廣田清子 (office SunRa)
DTP・楽譜制作	（株）スタイルノート
印　刷	藤原印刷（株）
製　本	（株）ブロケード

©2019 by Satomi Oshio
本書の全部または一部のコピー、スキャン、デジタル化等の無断複製は著作権法上での例外を除き禁じられています。また、購入者以外の代行業者等、第三者による本書のスキャンやデジタル化は、たとえ個人や家庭内での利用であっても著作権法上認められておりません。
ISBN978-4-276-32173-1　C1073
Printed in Japan　　　　　　　　　　　落丁本・乱丁本はお取替えいたします。

「唱歌（しょうが）」で日本音楽の指導が変わる！

本書は、日本の伝統音楽や楽器を習う際に伝統的に用いられてきた唱歌（しょうが）に焦点を当て、雅楽・能・箏曲・長唄・祭囃子の5種目の伝統音楽を、それぞれの唱歌でどのように指導するか分かりやすく解説。唱歌は平成29年3月告示の中学校学習指導要領においても、和楽器の学習に際して適宜用いるように示された。専門家の演奏だけでなく、実際の子どもたちの学習の場面も取り入れた映像と、詳しい解説書からなる、学校現場において日本音楽を指導する際に必ず役立つ一冊！

［主な内容］

第1部 唱歌を知る

1　唱歌・授業・伝統音楽
2　ことばからはじまる
3　唱歌と種目
4　唱歌を用いた音楽授業の可能性

第2部 唱歌をいかす

1　雅楽
　Ⅰ　雅楽の魅力
　Ⅱ　雅楽の唱歌に挑戦してみよう
2　能
　Ⅰ　能の魅力
　Ⅱ　音楽を軸に能を楽しもう
3　箏曲
　Ⅰ　箏曲の魅力
　Ⅱ　箏の唱歌を覚えよう
　Ⅲ　箏の唱歌を授業に取り入れてみよう
4　長唄
　Ⅰ　長唄の魅力
　Ⅱ　唄と三味線の唱歌を合わせよう
　　　──長唄《小鍛冶》
　Ⅲ　大鼓と小鼓の唱歌を合わせよう
　　　──《石段の合方》
5　祭囃子
　Ⅰ　《江戸囃子》の魅力
　Ⅱ　《江戸囃子》を体験しよう
　Ⅲ　獅子舞にも挑戦しよう
　Ⅳ　発展的な学習事例

［音楽指導ブック］
唱歌（しょうが）で学ぶ日本音楽（DVD付き）
日本音楽の教育と研究をつなぐ会 編著／徳丸吉彦 監修
定価（本体3,300円＋税）　Ｂ５判・128頁＋DVD2枚
ISBN978-4-276-32170-0

※重版により、定価が変わる場合がございます。予め、ご了承ください。

〒162-8716　東京都新宿区神楽坂6-30　（株）音楽之友社
TEL：03-3235-2151　FAX：03-3235-2148（営業部）　https://www.ongakunotomo.co.jp/